La Bibliothèque canadienne-française a pour objectif de rendre disponibles des œuvres importantes de la littérature canadienne-française à un coût modique.

Éditions Prise de parole
205-109, rue Elm
Sudbury (Ontario)
Canada P3C 1T4
www.prisedeparole.ca

Nous remercions le gouvernement du Canada, le Conseil des arts du Canada, le Conseil des arts de l'Ontario et la Ville du Grand Sudbury de leur appui financier.

Aux quatre vents de l'avenir possible

Du même auteur

Poésie

Libertés provisoires, Sudbury, Éditions Prise de parole, 2005.
Humains paysages en temps de paix relative, Sudbury, Éditions Prise de parole, 2002 ; Prix du Gouverneur général.
Grand ciel bleu par ici, Sudbury, Éditions Prise de parole, 1997.
Abris nocturnes, Sudbury, Éditions Prise de parole, 1986.
Une bonne trentaine, Erin, The Porcupine's Quill, 1978.
Or « é » alité, Sudbury, Éditions Prise de parole, 1978.

Traduction

Champion et Ooneemeetoo, roman de Tomson Highway (paru en anglais sous le titre *Kiss of the Fur Queen*, Toronto, Doubleday Canada, 1998), Sudbury, Éditions Prise de parole, 2004.
Kaki, roman de Lola Lemire Tostevin (paru en anglais sous le titre *Frog Moon*, Dunvegan (Ontario), Cormorant Books, 1994), Sudbury, Éditions Prise de parole, 1997.

Théâtre

« L'Illuminé », in *Contes sudburois*, Prise de parole, 2001 ;
« L'Illuminé », conté par Roch Castonguay, est reproduit sur le disque compact *Contes pour une fin de siècle*, Sudbury, Éditions Prise de parole / CBON Société Radio-Canada, 2001.

Audiocassette

La cuisine de la poésie présente Robert Dickson, Sudbury, Éditions Prise de parole, 1985.

Robert Dickson

Aux quatre vents de l'avenir possible

Poésies complètes

Préface de Johanne Melançon

Bibliothèque canadienne-française
Éditions Prise de parole
Sudbury 2017

Œuvre en première de couverture
 et conception de la couverture : Olivier Lasser

Appareil critique : Lucie Hotte et Mathieu Simard
Révision linguistique : denise truax
Infographie : Camille Contré
Correction d'épreuves : Lisa Pujol

Tous droits de traduction, de reproduction
et d'adaptation réservés pour tous pays.
Imprimé au Canada.
Copyright © Ottawa, 2017

Diffusion au Canada : Dimedia

Catalogage avant publication de Bibliothèque et Archives Canada
Dickson, Robert, 1944-2007
 [Poèmes]
 Aux quatre vents de l'avenir possible : poésies complètes / Robert Dickson.
 (Bibliothèque canadienne-française)
 Comprend des références bibliographiques.
 Publié en formats imprimé(s) et électronique(s).
 ISBN 978-2-89744-060-2 (couverture souple).
 – ISBN 978-2-89744-061-9 (PDF).
 – ISBN 978-2-89744-062-6 (EPUB)
 I. Titre. II. Collection : Bibliothèque canadienne-française (Sudbury, Ont.)
  PS8557.I338 2017   C841'.54   C2017-905932-7
                                  C2017-905933-5

ISBN 978-2-89744-060-2 (Papier)
ISBN 978-2-89744-061-9 (PDF)
ISBN 978-2-89744-062-6 (ePub)

Préface
D'un poème-affiche à un poème-performance : parcours de l'œuvre de Robert Dickson

Robert Dickson arrive à Sudbury en 1972 pour enseigner la langue et la littérature à l'Université Laurentienne, au cœur d'un Nouvel-Ontario[1] en pleine effervescence contre-culturelle : le Théâtre du Nouvel-Ontario vient d'être fondé à l'été 1971 après la création et la tournée de *Moi, j'viens du Nord, 'stie* d'André Paiement, suivi par la Coopérative des artistes du Nouvel-Ontario (CANO) en janvier 1972. Dès lors, Dickson participe activement à cette « Révolution

---

[1] Selon Fernand Dorais, Sudbury constitue le cœur du Nouvel-Ontario : « J'appellerai Nouvel-Ontario le territoire qui forme un triangle aux trois sommets baptisés Sault-Sainte-Marie, Pembrooke et Hearst ; le centre, ou le cœur, en serait Sudbury. » Fernand Dorais, *Témoins d'errances en Ontario français. Réflexions venues de l'amer*, [Hearst / Ottawa], Le Nordir, 1990, p. 71.

sereine[2] », entre autres par la mise sur pied des Éditions Prise de parole (1973) et sa participation à l'écriture et à la traduction de chansons pour CANO-musique (1975).

La première publication de Robert Dickson, en 1975, prend la forme d'un poème-affiche[3] où le graphisme suggère une étroite relation entre la nature – la vie – et les mots. Ce poème, « Au nord de notre vie », a acquis une valeur symbolique. Le choix de le publier sous forme d'affiche est un geste marquant – nouveau et unique dans la poésie franco-ontarienne – et il témoigne de la volonté du poète, non seulement de souligner l'importance de la parole poétique dans le quotidien, mais d'exprimer la nécessité d'« aller vers l'autre[4] », à une époque où les créateurs franco-ontariens disposent de peu de canaux médiatiques pour se faire entendre ou de lieux pour rejoindre leur public. Ce geste s'inscrit dans son projet de la *Cuisine de la poésie* (1975-1979), qu'il a fondée avec son ami Pierre Germain, un spectacle où poèmes, chansons et discours sont portés sur la scène en tant que parole poétique publique et partagée, festive et nécessaire. Le poème, qui célèbre la vie ancrée à la fois dans le territoire et dans les émotions, est devenu une chanson emblématique du groupe CANO sur son deuxième album, qui en reprend le titre, *Au nord de notre vie* (1977). Par l'ajout d'une finale à la première personne du pluriel au futur simple – « nous

---

[2] Selon les mots de Pierre Bélanger. Voir entre autres Gaston Tremblay, « Genèse d'éditions francophones en Ontario », *Revue du Nouvel-Ontario*, « Littérature sudburoise : Prise de Parole 1972-1982 », n° 4, Sudbury, Institut franco-ontarien, 1982, p. 2.

[3] *Au nord de notre vie*, poème-affiche, Sudbury, Prise de parole, 1975, graphisme de Raymond Simond. Reproduit à la page 15 dans cet ouvrage.

[4] Robert Dickson, *Humains paysages en temps de paix relative*, Sudbury, Prise de parole, 2002, p. 361.

vivrons » –, la chanson insiste sur l'aspect collectif, rassembleur et optimiste du propos. Tout autant que *Moi, j'viens du nord, 'stie* de Robert Paquette, chanson-thème de la pièce d'André Paiement, *Au nord de notre vie* devient alors pour plusieurs un poème et une chanson « d'identification culturelle[5] ».

Les deux premiers recueils de Robert Dickson sont publiés en 1978 : le premier, *Or« é »alité*, chez Prise de parole, le deuxième, *Une bonne trentaine*, chez The Porcupine's Quill[6]. Tous deux proposent des poèmes qui ont été écrits dans le contexte de la *Cuisine de la poésie*, comme en témoignent le commentaire en page éditoriale d'*Une bonne trentaine* et surtout la préface d'*Or« é »alité*, signée Éphrem Laliberté (alias Robert Dickson ?), qui consiste aussi en un art poét(h)ique qui affirme « la nécessité de parler au monde, de laisser parler les poètes, et ce dans une collectivité où la parole est encore trop rare, encore menacée » (*O*, 20). La visée des textes y est aussi clairement exprimée : il s'agit de « discours émotifs », « [e]t si tous ne sont pas nécessairement sérieux, ils ne sont pas moins nécessaires. Pas de moralité, mais simplement oralité. Se dire, avec plaisir » (*O*, 20). Toute l'œuvre de Robert Dickson reste fidèle à ce projet d'écriture.

Déjà, le titre même d'*Or« é »alité* révèle, dans un jeu de

---

[5] Selon les mots de Robert Paquette au sujet de sa chanson *Moi, j'viens du nord* dans le livret qui accompagne son album-compilation. Robert Paquette, *Moi, j'viens du Nord. Compilation 1974-1990*, production Discquébec 1995, coll. « Chansons pour durer », QUÉB-1102, p. 10.

[6] Robert Dickson, *Or« é »alité*, Sudbury, Prise de parole, 1978, et *Une bonne trentaine*, Erin, The Porcupine's Quill, 1978. Désormais, les références à ces ouvrages seront indiquées, respectivement, par le sigle *O* et par le sigle *UBT* suivis du numéro de la page dans l'intégrale, placés entre parenthèses dans le texte.

mots sonore et graphique[7], ce qui compte pour le poète : l'oralité et la dimension ludique des mots, comme cette utilisation de la rime « l'amour en cachette / avec ou sans cigarette / de tabac ou d'autre chose // l'amour à la carte / comme une pointe de tarte / avec de la crème glacée rose » (« L'amour fou », *O*, 54). Dickson ne dédaigne pas non plus le calembour, à preuve : « je sais que les mots creux, ça vaut pas d'la marde / on ne peut même pas faire pousser / des fruits et des légumes avec » (*O*, 34).

Cette liberté et cette inventivité découlent en grande partie de la pratique de l'écriture automatique. Le poète affirme d'ailleurs que « [s]a conception de la poésie correspond de très près à celle de Roland Giguère : le poème est provoqué par un mot ou une phrase qui "cogne à la vitre" et qui finit par pousser naturellement, développant ses propres ramifications[8] ».

L'autre aspect que dévoile ce titre est le nécessaire ancrage de la parole poétique dans la vie présente et concrète – la réalité. C'est tout l'esprit contre-culturel qui nourrit sa poésie : dans « Éléments d'un petit savoir personnel », à la carabine et à la bombe, synonymes de violence et de guerre, il oppose le sourire, pour lui synonyme de paix ; à la carte de crédit, synonyme de la primauté de l'argent dans la société capitaliste, il oppose le castor, non pas la pièce de cinq

---

[7] Ce jeu, à la fois ludique et sérieux, constitue d'ailleurs l'essentiel de l'illustration de la page couverture du recueil : non seulement les chevrons ou « guillemets français » isolent-ils le graphème qui particularise le français, mais une énumération – « Ô rush, Ô roche, ostie, d'oréalité, réalité, oréalité, oralité, orale, Ô boy, oréalité » – souligne l'importance de la dimension orale, sans compter les illustrations d'une bouche prononçant certains phonèmes entre chaque poème du recueil.

[8] « Hédi Bouraoui s'entretient avec Robert Dickson » (I), *Envol*, n° 25, (vol. VII / 1), 1999, p. 8.

cents mais plutôt l'animal, associé à la nature et à notre humanité. Robert Dickson préfère la vie au profit et ce qui compte pour lui, c'est le « respect de soi », la patience et la sagesse (*O*, 34), la tolérance envers les erreurs (*O*, 35), bref, il faut « VIVRE », mot qu'il met en lettres majuscules pour bien marquer qu'il s'agit de l'« élément » le plus fondamental. Ce sont les mêmes valeurs mises de l'avant par le projet de la *Cuisine de la poésie*. *Or«é»alité* s'inscrit d'emblée dans le registre ludique, filant la métaphore de la cuisine, avec « À la table » [des matières], un premier « Poème à l'honneur de mon ventre ou Déclaration de principe » qui affirme d'entrée de jeu que la poésie est une nourriture essentielle à la vie et qu'elle a une dimension éthique. Les thèmes de l'amitié (« C'était un drôle d'hiver »), de la famille (« Maintenant, à l'heure »), de l'amour (« L'amour fou »), de la vie et des valeurs humaines (« Éléments d'un petit savoir personnel » et « Premier poème du printemps numéro 1 ») caractérisent ce premier *opus* du poète sudburois.

La même année paraît *Une bonne trentaine*, qui reprend entre autres le poème-affiche *Au nord de notre vie*. Dans le recueil, le poème acquiert une nouvelle dimension, s'insérant davantage dans l'intime et la thématique amoureuse. Le recueil tire d'ailleurs son unité de ce thème, qu'il s'agisse de l'amour inconditionnel pour l'enfant (et l'émerveillement devant la vie) ou l'amoureuse, dont le poète célèbre le corps comme en témoignent par exemple un « Blason », forme héritée de la Renaissance et remise au goût du jour par les surréalistes, de même que « Sonnet I : adoration » (*UBT*, 74) et « Presqu'un sonnet sensuel » (*UBT*, 82). *Une bonne trentaine* développe aussi, comme dans *Or«é»alité*, une dimension éthique liée aux valeurs contre-culturelles, avec entre autres le poème « Engagement », véritable art poét(h)ique : « Prendre les mots comme je prendrais les armes / les armes blanches, les armes défensives / pour protéger ce que j'aime, ma femme / mes enfants mes principes les miens les nôtres » (*UBT*, 75). En fait, l'écriture s'avère un acte performatif et Robert Dickson croit au pouvoir des mots, au pouvoir de la poésie, pour un avenir meilleur : « fraternellement aimer les mots et toujours direz / les mots de tous les jours les mots qu'il faut // pour que demain appartienne à nos enfants » (*UBT*, 75).

Il faudra attendre huit années avant la publication d'un nouveau recueil, *Abris nocturnes*[9]. Comme dans les précédents, l'oralité est bien présente, mais celui-ci est plus fortement marqué par une esthétique de l'écriture automatique ainsi que par le jeu de mots, que ce soit dans le rapprochement de mots par les sonorités – par exemple dans « Lunaisons saisons » (*AN*, 152-153) –, le détournement de sens d'expressions figées – « une image vaut / pas grand-chose mille fois s'il y a / rien à y voir » (*AN*, 252) –, des ruptures de ton incluant des segments dans une langue plus populaire, de même que des parenthèses. En écho à la préface d'*Or«é»alité* d'Éphrem Laliberté, une lettre ouverte énonce le projet poétique, confirmant les valeurs privilégiées par le poète, comme la primauté de l'amour (et non la guerre) entre humains, mais laisse maintenant poindre aussi ses inquiétudes, ses doutes, le discours contre la guerre étant plus présent, par exemple – et par ironie –, dans « Le pirate de l'air ». Le thème de l'environnement y est plus présent et les poèmes sont davantage ancrés dans des lieux qui sont nommés, qu'il s'agisse de Montréal, Ottawa, Sudbury ou l'idyllique Pouce Coupé. Des scènes du

---

[9] Robert Dickson, *Abris nocturnes*, Sudbury, Prise de parole, 1986. Désormais, les références à cet ouvrage seront indiquées par le sigle *AN* suivi du numéro de la page, placés entre parenthèses dans le texte.

quotidien inspirent aussi des réflexions sur la poésie et le besoin d'écrire, et célèbrent la vie.

Un quatrième recueil, *Grand ciel bleu par ici*[10], confirme les thèmes de l'amour, du quotidien, de la famille et de la vie simple qui revient à l'essentiel (Pouce Coupé). Les poèmes s'offrent souvent comme de petits croquis « sur le vif » alors que « les chats pleurent dans la cour... » (*GC*, 251), que « le ciel est mouvementé / les goélands et les pélicans passent / au-dessus du toit au bord / de la crique où on travaille » (*GC*, 216). Un idéal de liberté est toujours très présent, de même qu'un goût pour le jeu, à la Saint-Denys-Garneau, comme le suggère l'exergue : « je travaille les mots / parce que j'ai jamais / été capable de / garder les couleurs / à l'intérieur des lignes ». L'humour côtoie l'ironie et le poète croit toujours au pouvoir de la parole poétique, car si sa poésie ne se prend pas au sérieux, cela ne l'empêche pas de porter un message, ou plutôt d'affirmer : « ce poème n'a pas de message / il est messager » (« L'air de rien, ce », *GC*, 201). Dans les faits, la parole se fait parfois résolument critique, avec par exemple le recours à la parenthèse : « les forêts qui restent / (en bordure de la route / mirages pour touristes / invisibles les premiers peuples enragés) » (*GC*, 252). L'humour a toujours sa place pour « porter un message » : « ce poème dit que / si le gazon paraît parfois plus vert / chez le voisin c'est que le voisin met / trop d'engrais chimique » (*GC*, 202).

Dans les deux recueils suivants, que seulement trois années séparent, la tonalité se fait plus grave, comme le suggèrent les titres : à l'aube du XXIe siècle et dans la foulée

---

[10] Robert Dickson, *Grand ciel bleu par ici*, Sudbury, Prise de parole, 1997. Désormais, les références à cet ouvrage seront indiquées par le sigle *GC* suivi du numéro de la page, placés entre parenthèses dans le texte.

du 11 septembre 2001, nous sommes bien « en temps de paix relative » et nos « libertés » apparaissent désormais bien « provisoires ». Dans *humains paysages en temps de paix relative*[11], qui lui a valu le prix du Gouverneur général, Robert Dickson arrive à conjuguer le personnel et le social, entre autres avec des images du quotidien, pour former des tableaux en ville, dans le jardin où à la campagne: « chaque botte de foin a son prix / de sueur et de survie / chaque cheval vaut son pesant de vivant / nourrit la terre comme il s'en nourrit / travaille et se repose tire puis se roule / dans l'herbe où la verdure / vaut son pesant de vert » («Pouce coupé», *hp*, 295). Encore plus que dans les recueils précédents, il y a une mise en scène de l'écriture (« autoportrait », *hp*, 275) et la poésie apparaît nécessaire pour sauvegarder les valeurs humanistes: « j'extrais plus de poésie du lac de la roche / du souffle de l'amour que de la guerre » («Le 6 août 1998», *hp*, 292). Ancrés dans des lieux précis – les titres de presque tous les poèmes du recueil sont des noms de villes ou de lacs –, les poèmes offrent des paysages qui sont « humains » et qui incluent l'autre: ce sont les gens, les souvenirs, les émotions qui comptent, d'où la place réservée à l'intime – comme en témoigne le poème liminaire «L'intime: mode d'emploi» –, à l'amitié et à l'amour, au quotidien, voire au retour à l'essentiel (Pouce Coupé). La conscience de ce « temps de paix relative » amène à dénoncer la guerre («Le 6 août 1998») et les injustices de même que la société de consommation qui menacent les valeurs humanistes auxquelles croit toujours le poète.

Le dernier recueil, *Libertés provisoires. Poèmes*

---

[11] Robert Dickson, *humains paysages en temps de paix relative*, Sudbury, Prise de parole, 2002. Désormais, toutes les références à cet ouvrage seront indiquées par le sigle *hp* suivi du numéro de la page dans l'intégrale, placés entre parenthèses dans le texte.

2002-2003[12], dont l'esthétique est à nouveau très imprégnée de l'écriture automatique, s'interroge davantage sur le pouvoir et la nécessité de l'écriture : « dans une botte de foin nécessaire / opposer tes missives de paix tout ce qu'il y a / de plus incandescente » (*LP*, 396). Même si les premiers poèmes, parfois dédiés aux amis et à la famille, sont plus heureux et que le quotidien tout simple y est encore convoqué, c'est le recueil de la désillusion et de la colère, avec des « souvenirs de violences dans la douceur de septembre » (*LP*, 394). Plus que jamais, la guerre y est dénoncée dans une section intitulée « Fugue en sol occupé », dans des poèmes dont les titres ne laissent aucun doute sur le propos : « Paix parmi nous (ciel et terre) » ou « Le 11 septembre 2003 ». C'est aussi le recueil de la rupture amoureuse.

Une ultime publication, l'année suivante, propose un poème de quelques pages, *Oser l'osier*[13], qui transforme un geste d'amitié en une expérience artistique. On pourrait dire qu'il s'agit d'une double « performance » : le poème raconte un moment où des amis reprennent le geste d'artisans, soit de cueillir, à l'ancienne, l'osier dans le lit de la rivière, et il sera récité par le poète, sous forme de « lecture-déambulation », dans le cadre d'une exposition de l'artiste Sofi Hémon[14]. On en retient l'idée d'harmonie : harmonie sonore des mots, harmonie avec la nature dans le lit de la rivière, harmonie des cœurs des quatre amis. On y retrouve donc la célébration de la vie, de l'amitié, de la nature, les thèmes chers au poète.

---

[12] Robert Dickson, *Libertés provisoires. Poèmes 2002-2003*, Sudbury, Prise de parole, 2005. Désormais, toutes les références à cet ouvrage seront indiquées par le sigle *LP* suivi du numéro de la page dans l'intégrale, placés entre parenthèses dans le texte.

[13] Robert Dickson, *Oser l'osier*, [s.l.], Pororoca, 2006.

[14] http://sofihemon.net/sofihemon-InvitClermontMail2006.htm.

Transformer la vie, le quotidien en poésie pour dire « je t'aime » ou pour dénoncer, avec une pointe d'humour ou d'ironie et un sens aigu du poids des mots, voilà la clé de la démarche poét(h)ique de Robert Dickson, qui nous offre également un « mode d'emploi » pour la lire : « un poème accueille (salut !) / montre ses évidences puis / (on se dit on l'espère) / s'ouvre la porte de l'ascenseur / tout le monde descend / restez le temps que vous voudrez » (« L'intime : mode d'emploi », *hp*, 261).

Une invitation à faire de la poésie un art de vivre.

Johanne Melançon
Université Laurentienne

Au nord de notre vie

ICI

où la distance use les coeurs pleins
de la   tendresse minerai   de la
terre de pierre de forêts et de froid

NOUS

têtus souterrains et solidaires
lâchons nos cris rauques et rocheux
 aux quatre vents
                    de l'avenir possible

OR«É»ALITÉ

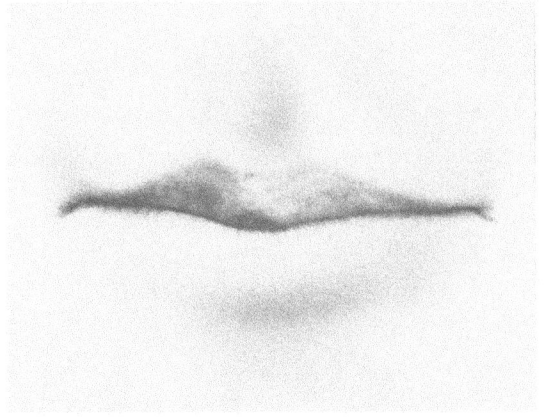

Il a été tiré de cet ouvrage de Robert Dickson cinquante exemplaires sur papier Carlyle Japan antique numérotés de 1 à 50, constituant l'édition originale.

Si ces poèmes sont pour la plupart inédits, ils ne sont pas tout à fait inconnus pour autant, au moins auprès d'un certain public dans le Nord de l'Ontario et surtout dans la région de Sudbury.

Tous ces textes ont été présentés en public par La cuisine de la poésie. La cuisine a pris forme durant l'hiver 1974-75 de façon simple et spontanée. Des amis se réunissaient pour veiller, on faisait de la musique, on lisait des poèmes, on avait du plaisir. De là à la représentation publique, il n'y avait qu'un pas, et La cuisine s'est manifestée pour la première fois à La nuit sur l'étang en mars 1975.

(La nuit sur l'étang, c'est un spectacle franco-ontarien annuel de musique, théâtre, poésie, arts visuels, photo, artisanat, mais plus que ça, c'est le regroupement de quelque 800 personnes, tous participant à la « folie collective d'un peuple en party », selon l'expression d'André Paiement).

La cuisine a continué d'offrir son menu en public, montant des spectacles complets au Studio 75, à La Slague, et à deux reprises à l'Université Laurentienne. Elle a été présente au Northern Lights Festival Boréal en 1975 et 1976, et a participé aux spectacles d'ouverture de La Slague en septembre 1975, et au spectacle de la Saint-Jean-Baptiste 1976 également à La Slague, toujours à Sudbury. Ils ont été deux, comme ils ont parfois été une dizaine de poètes, musiciens et comédiens à produire des spectacles originaux, reconnaissant la nécessité de parler au monde, de laisser parler les poètes, et ce dans une collectivité où la parole est encore trop rare, encore menacée.

Mais l'aspect le plus important, du moins pour Robert, est sa collaboration avec Pierre Germain, « le poêle ». Compositeur, joueur de flûte et de guitare, poète, chanteur (ainsi que comédien, animateur, bâtisseur de maison, et j'en passe), Pierre enrichit plusieurs de ces poèmes en spectacle avec des instrumentations musicales. Pierre et Robert traduisent les rythmes poétiques en mélodies et en couleurs, retrouvant cette unité naturelle aux troubadours du Moyen Âge et d'autres époques.

Quant à la portée de ces textes, ce qu'ils ont à dire, ce sera assez clair à la lecture. Ce sont, pour reprendre une phrase de Jacques Godbout, des « discours émotifs ». Et si tous ne sont pas nécessairement sérieux, ils ne sont pas moins nécessaires. Pas de moralité, mais simplement oralité. Se dire, avec plaisir. « Je sais que le sourire... » Ils s'inscrivent dans un contexte social spécifique, celui du Nouvel-Ontario, des francophones du Nord et de toute la province qui veulent y vivre à part entière. Ce n'est pas beaucoup demander, après tout.

Ephrem Laliberté

À LA TABLE

1 Poème à l'honneur de mon ventre
2 C'était un drôle d'hiver
3 Éléments d'un petit savoir personnel
4 Premier poème du printemps numéro 1
5 Maintenant à l'heure...
6 Prie-hier
7 Conte pour Suzie
8 L'amour fou

Ce recueil est dédié à ceux qui ont participé aux divers spectacles de La cuisine de la poésie :

Catherine Andrews
Donald Andrews
Marcel Aymar
Mark Delorme
Pierre Germain
Daniel Jacques
Joan Kuyek
Jean Lalonde
Richard Lalonde
Christian L'écuyer
Paulette Léger
Robert Paquette
André Paiement
Rachel Paiement
Denis St-Jules
Danielle Tremblay
Gaston Tremblay

ainsi qu'à tous ceux qui savent qu'ils en font partie.

Poème à l'honneur de mon ventre
ou
déclaration de principe

Je ne mange plus de corn flakes
Fini les bonbons et les biscuits
Désormais je me nourris
À ***LA CUISINE DE LA POÉSIE***

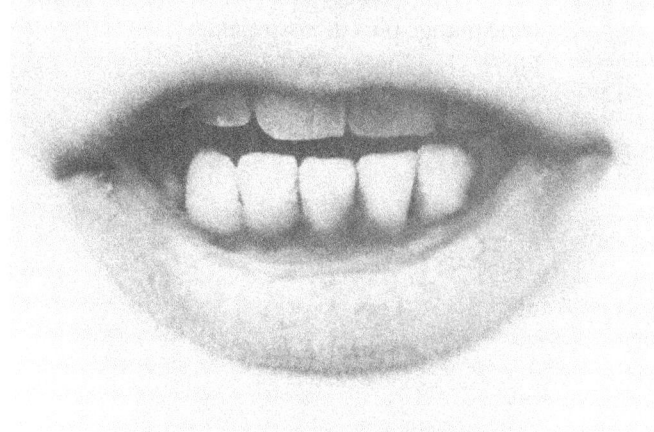

C'ÉTAIT UN DRÔLE D'HIVER

Oh rien de spécial au début, un hiver comme un autre, moins froid que d'habitude, moins de neige, moins de motoneiges – mais c'est pas ça que je suis venu dire ici

C'était un drôle d'hiver

le spectre de la solitude languissait dans la brume glacée de l'hiver moins froid, se cachait derrière diverses portes de grenier, au fond de la cave à côté des bouteilles vides – nous, on se réunissait au salon cherchant dans l'amitié nombreuse une chaleur suffisante, là on était bien, un certain temps, nos chants fervents parlaient d'amour et de peine, de départs et d'avenir, on caressait les chats, on était tous tranquilles, d'une certaine façon on attendait

C'était un drôle d'hiver

(ailleurs on prenait les enfants sauvages pour des canards du Bon Dieu ; on nous offrait des pensées de maîtres : nous on voulait des maîtres à penser)

(ailleurs c'était chacun pour soi, la jungle n'était pas si loin que ça – jungle ou forêt – seulement on l'avait enlaidie de bien trop de béton, des bonhommes se faisaient des trente mille piasses par année à en faire des beaux messages publicitaires)

C'était un drôle d'hiver

entretemps, au salon chaleureux, on chantait ou on écoutait Beau Dommage, c'était beau, pas dommage du tout, même nos anges gardiens étaient bien, ou bien on pleurait avec Vigneault, c'était beau et c'était dommage, des fois c'était comme si on était déjà parti pour la Louisiane, toute une gang de Lucky Too Too

C'était un drôle d'hiver

des jours ou bien des soirs on sortait, en raquettes en skis en patins en maudit, on allait même en ville, de temps en temps – il fallait bien manger – là au fond on était mal, on rêvait de vieux magasins en bois rond dans le bois, avec au comptoir un grand spectre dégingandé, grand et fin, qui nous faisait pas payer la taxe de vente, qui nous offrait un petit verre ou un petit toke, et on revenait content, en raquettes en skis en patins plus raison d'être en maudit

Mais c'était un drôle d'hiver

(ailleurs d'autres ne rêvaient pas, ou alors ils rêvaient mal : ils cauchemardisaient des systèmes incroyablement complexes, sans bouffée d'air frais ni de clairs rires d'enfants aux yeux assez brillants et grands pour saisir le secret sublime du savoir aussi sec qu'on croque une belle pomme brillante

sans enfants du tout : seulement des spectres de solitude glacée plus petits, tout figés, alignés, qui parlaient pas, qui chantaient pas, qui riaient pas, qui faisaient pas le fou (c'était interdit), qui faisaient pas la folle (c'était illégal) qui attendaient patiemment comme des bisons (quand il y en avait des bisons) –

pour se faire dispenser une pilule d'instruction dorée de plastique additionnée de trois vitamines – thiamine, niacinamide, riboflavine ET... du fer – du fer blanc pour faire briller leurs intestins désormais indéconstipables à cause, à cause, à cause de TOUTTE

C'était un drôle d'hiver

      heureusement qu'ils étaient ailleurs, les spectres qui rêvaient ces enfants-spectres-là, au salon on frissonnait parfois, et alors on chantait un peu plus fort pour s'encourager (il faut bien, des fois)
et les filles chantaient comme des oiseaux
et quelques-unes comme des anges
et les gars chantaient – comme des gars
comme des anciens enfants de cœur
comme des apprentis-menuisiers
comme des photographes
comme des marins
comme des fonctionnaires
comme des professeurs
et quelques-uns ne chantaient peut-être pas trop bien
et tous chantaient comme des poètes
et tous chantaient bien

Oui, c'était un drôle d'hiver

      on chantait des chansons pour faire venir le printemps
pour faire fondre la neige
pour faire fondre la glace
pour faire fondre tous les spectres de solitude glacée, grands et petits

et pour faire fondre la misère
et pour faire fondre le péché
et pour faire fondre la gêne
et pour faire fondre l'assimilation
et pour faire fondre les plus hautes tours

pour faire tout fondre car au fond
on ne veut pas grand'chose (c'était un drôle d'hiver)

un peu de force	*un peu de tendresse*
un peu de fleurs	*un peu de pleurs*
quelques grenouilles	*avec des quenouilles*
un peu de printemps	*un peu de beau temps*
un peu de vie	***pendant qu'on est ici***

C'était un drôle d'hiver

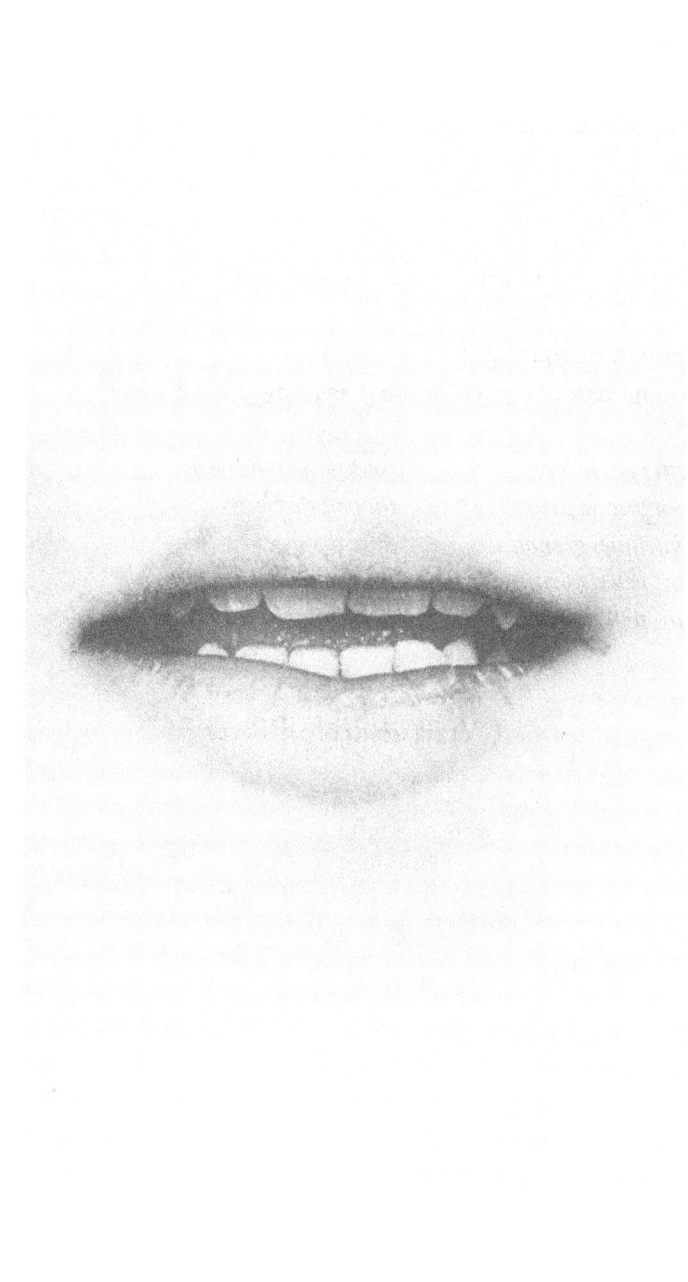

Éléments d'un petit savoir personnel
ou, plutôt,

quelques affaires qui me trottent dans la tête depuis quelque temps, et que j'ai décidé de mettre sur papier lundi soir le premier décembre 1975 pour le plaisir et l'exigence de la chose et parce que regarder la T.V., en général, j'en suis plus capable

je sais que le sourire est plus sûr qu'une carabine pour toucher quelqu'un jusqu'au cœur

je sais qu'un castor vaut infiniment plus
qu'une carte de crédit
et que le bison n'a jamais été
la victime de son frère l'indien

je sais qu'il y a un siècle
au-dessus du pays de mon enfance
le ciel était noir de pigeons voyageurs
je le sais – j'ai vu le dernier de la race
dans une boîte en verre au musée
et j'en suis resté taché

je sais qu'une poupée de chiffon donne
davantage de joie que toutes les millions de Barbie dolls
aux seins pointus en plastique
que le commerce sans cœur
des marchands de la futilité infantile
peut cracher par-dessus la frontière
non-défendue la plus longue du monde

je sais que les mots creux, ça vaut pas d'la marde
on ne peut même pas faire pousser
des fruits et des légumes avec

je sais que les mots d'amour
sont aussi nécessaires qu'éternels

je sais que l'instruction, ce n'est pas
arracher les oreilles aux enfants
ce n'est pas les garrocher dans les murs

je sais que la barre du jour
et le crépuscule sont des cadeaux
d'une valeur indescriptible

je sais que j'aime les cadeaux

et que les cadeaux, c'est toujours instructif

je sais que commencer une phrase en français
et être obligé de l'achever en une autre langue
parce qu'on est à bout de mots
à bout de notions natales
c'est la mort qui approche et
ce n'est pas correct

je sais que le respect de soi
est aussi fondamental
que la neige à Noël
c'est pas juste beau, c'est essentiel

je préfère parfois les couleurs à la grisaille
mais novembre est oriental en sa sobriété
il nous enseigne la patience et la sagesse
face au froid qui brûle
face à la poudrerie périlleuse

je sais que de temps en temps les chemins
sont tortueux dans ce pays austère
quand on dérape il y a le roc droit devant
le sous-bassement du monde qui sort de terre

je sais que tout le monde peut perdre pied
je sais que l'erreur existe

je sais qu'une racine obstinée et noueuse
est plus réelle qu'une carte postale
d'un ookpik importée du Japon

je sais que la guerre
fait pas l'affaire
à ceux qui y laissent leur peau

qui laissent leur femme
et leurs enfants
au loin à la maison
et des mots insignifiants
sur leur tombe

je sais que le sourire est plus sûr
qu'une BOMBE
pour toucher jusqu'au cœur
tous les frères toutes les sœurs

tous ceux qui n'ont qu'un désir

VIVRE

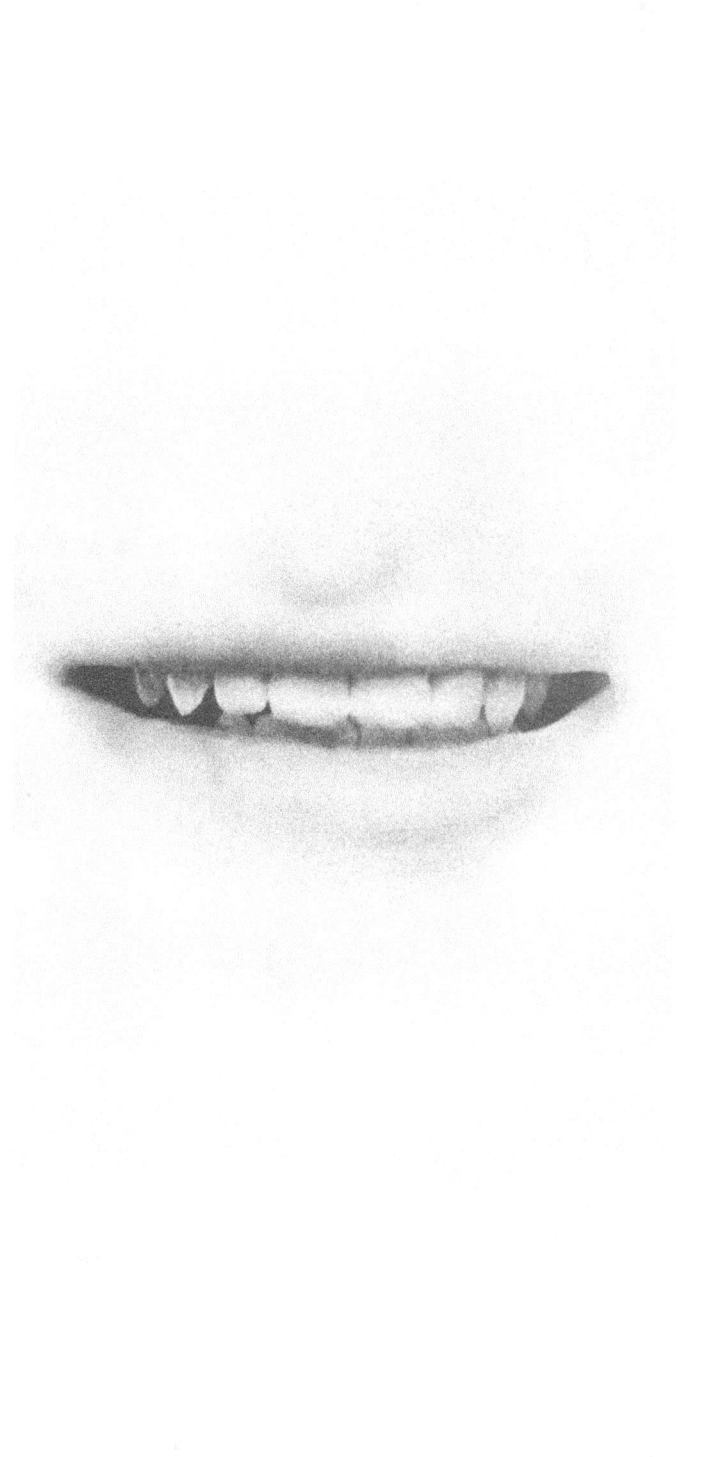

Premier poème
du printemps numéro 1

le printemps est-ce davantage
l'étourneau qui menace du haut
de l'arbre mourant dans la cour du voisin

qu'un désir cerf-volant
au large d'un dimanche ensoleillé

est-ce plus le baigneur dans le lac
le dimanche de Pâques
qui regarde la glace qui se casse

qu'un coup de soleil
en plein dans l'œil
court-circuit au cerveau

de toute façon, c'est la fin des glaçons
et tout ce qui va avec
après si longtemps, c'est bientôt le temps
de se donner des beaux gros becs

Je déclare donc que notre printemps est arrivé et j'entonne un chant de louange en son honneur :

Je déclare donc que notre printemps est arrivé et j'entonne un chant de louange en son honneur :

VIVE les amphibies
les amoureux
les « a m'a dit oui ! »

VIVE les renfermés avec leurs murs
les curés avec leur cure
les passionnés bandés bien dur

VIVE les profs avec leurs livres
les bijoutiers avec leur cuivre
les assoiffés de vivre

VIVE les anomalies
la montée des prix
les paresseux de l'esprit

VIVE les commerçants
les fainéants
les négociants
les étudiants

VIVE les malodorants
les malmenés
les malotrus
les mal-amanchés

VIVE   la ringuette
           les Jeannette Pierrette Paulette Ginette chaudes ou frettes
           les maisonnettes proprettes
           les coquettes
           les pirouettes
           les bicyclettes

VIVE   les savantes les servantes les énervantes les achalantes

VIVE   les sous-bois les sous-vêtements et les sourires... à découvert

VIVE   la gomme-balloune les nouvelles tunes

VIVE   LES VOYAGES AU BOUT DE SOI
           LES VOYAGES AU BOUT DE SOI

VIVE VIVE VIVEVIVEVIVEVIVEVIVEVIVE

Maintenant, à l'heure

Maintenant, à l'heure
où personne ne pense à moi
je pense à vous tous

parents sœurs matantes et mononcles
tous mes frères pas de la même mère
nos amours fortes comme la forêt
et tendres comme le ventre d'une femme aimée

les vieux et les vieilles
mes grands-parents inutiles
pour autre chose que la vieillesse
grandissant dans votre dos faiblissant
votre désir de durer à la vitesse du vingtième
époque où vous n'avez plus de place
ni votre sagesse ni vos lueurs
d'une vie virile et dure et longue

comme un matin de mai
à la pêche
à la truite
à huit ans

et courte comme la comète de compréhension

dans le ventre du soupir d'une femme aimée
(courte donc comme l'amour longue donc comme lui)

oui je pense à vous tous
sous mes yeux lourds
de manchettes et de réclames
d'articles de fond
d'émissions d'information

et d'évasions donc de départs
réels ou anticipés en 727 orange
ou dans un verre de vin
tant de plumes de fumée
à la face de l'inconnu

ma maigreur me montre la fatigue de la vie en ville
l'usure de la routine ronde et rentable
ma face fait figure de… disons pas grand'chose
face de cheminot face de fou face de chiffre face tordue

j'étais guide une fois
guide de pêche
prophète de poisson
et cook de surcroît
et si je pense à vous c'est naturellement
pour dire la même rengaine, mais non moins vraie :

la pêche sera bonne
sinon ce matin, bientôt

la journée sera longue
sinon aujourd'hui, tous les jours

soignez votre attirail, aimez le vent
ne dites rien de trop, mais toujours ce qu'il faut

le sourire du soleil surgira de nous tous
si nous savons lire le beau temps

Prie-hier

notre seigneur qui êtes ailleurs
ne nous étouffez pas
donnez-nous de l'espace pour bouger
et ainsi pas s'effoirer
plains-nous pas car on en a pas besoin

toi (parce que qui d'autre)
qui as fait que les limbes n'existent plus
ne sois pas infernal
et ne laisse plus mon chat
sauter sur mes fesses nues
(toutes griffes dehors)
quand je suis en amour

fais-moi plus dire ce qui est beau
au lieu de ce qui est vrai
quand c'est pas pareil

donne-nous plus de pain plus blanc que blanc
dans des sacs de plastique étouffants
toi qui as fait la terre
rends-nous la terre
l'eau le bois le pain
le soleil l'herbe le vin

seigneur que j'ai trop longtemps été ailleurs
le voyage de retour sera excessivement beau
et même seul je ne serai pas solitaire

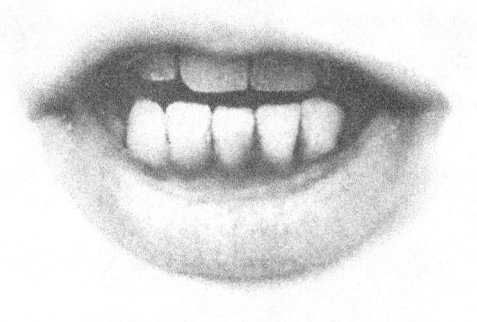

Conte pour Suzie

Ce serait, par exemple, Hallowe'en, veille de la fête des morts.

Tu aurais appris, le matin même ou la veille au soir les nouvelles d'une nouvelle mort, une mort qui fait très mal.

Alors tu agirais. Tu te maquillerais, t'habillerais de noir, te joindrais aux fantômes rôdeurs, accompagné d'une petite sorcière, noire de nuit et orange de sang séché.

Aux portes du voisinage, quelques sourires mal à l'aise pour la sorcière sautillante et la grande ombre à ses côtés.

Ne pouvant sourire toi-même, ne voulant gâcher cette fête macabre et inconsciente, tu reviendrais seul chez toi, pour donner des fruits secs et des pommes lourdes d'automne aux enfants qui, trop souvent vidés d'imagination, ne se donnent pas la peine de se costumer, leur travesti se bornant à un grand sac vert en plastique à remplir de produits qui exploitent leur langue, leurs dents, leur digestion, leur jeunesse.

Et certains te riraient en pleine face, s'exclamant que tu ressembles à un quelconque monstre télédiffusé, lui-même à peine une ombre d'une réalité déformée.

Un ou deux pourtant resteraient figés. Une petite princesse fondrait en larmes, saisie par le spectacle d'un mort maigre qui offre à manger sans sourire. C'est qu'elle aurait senti le vent glacé. Tu aurais beau lui dire « Non, ne pleure pas, c'est correct ». C'est qu'elle aurait senti la main de la mort.

Alors tu comprendrais que ce n'est pas la solution, que ta douleur est devenue une complaisance. Qu'au fond, c'est toujours pour toi-même que tu pleures à de pareils moments. C'est que tu aurais épuisé le geste rituel. C'est que tu aurais compris ce qui ne se communique que par un frisson dans le dos, que par un regard plein au fond d'un regard plein, que par un toucher tendre.

Et tu agirais. Tu sortirais de ton enveloppe noire pour laisser la place au soleil, à la vie ; comme Galarneau, comme d'autres.

Tu penserais à une joie de vivre libre et lucide qui ne s'éteindra pas de sitôt. Tu songerais à un mince ressort d'énergie totale, à une exigence pour l'avenir. À tout ce qui a été construit à ce jour. Aux lendemains qui attendent. À l'amitié durement gagnée. Aux portes ternes de la solitude défoncées à grands coups de rires, à grands coups de théâtre. Tu évoquerais dans ta tête des perruques trop rouges, la fatigue, des crises de nerfs, le courage. Tu voudrais lui faire honneur, peut-être même écrirais-tu un petit poème, comme ceci

frêle fleur du futur
tremblant dans ta tige
frémissant dans tes feuilles
vivant au bout de tes pétales

aussi aiguë que le son de ta voix
        que les syllabes de ton nom

Suzie

L'AMOUR... FOU

L'amour au soleil
l'amour à l'ombre
l'amour au fond des mines

l'amour à la chaîne
les amours malsaines
l'amour qui tombe en ruines

l'amour à l'école
« maudit, es-tu folle ? »
le système dit non, non, non, non

l'amour dans l'étable
pas plus acceptable
sauf pour les vrais cochons

l'amour su' l'pouce
juste là, dans la mousse
au bord du chemin de la reine

ou au supermarché
un samedi achalandé
si le carrosse n'est pas trop plein

l'amour en cachette
avec ou sans cigarette
de tabac ou d'autre chose

l'amour à la carte
comme une pointe de tarte
avec de la crème glacée rose

l'amour en auto
au bord de l'eau
sous le beau ciel du Nord

l'amour en bateau
c'est pas un cadeau
    « elle est tombée par-dessus bord ! »
l'amour en automne...
l'amour en hiver
fait frette en calvaire
faut quasiment être au lit

l'amour au printemps
presque pas le temps
entre le gel et les grosses chaleurs

mais l'amour en été
olé ! olé !
c'est l'amour   de toutes les couleurs

« l'amour, c'est ma chanson
quatre saisons
le chanteront
pour toi ! »

Une bonne trentaine

Certains de ces textes ont déjà été publiés dans *Interkom*, *Réaction*, *Le Toronto Express*, *Boréal* et *Mooskek Reader*. Certains ont été lus en public, lors de veillées de La cuisine de la poésie et à d'autres manifestations. « Au nord de notre vie » a été publié sous forme de poème-affiche, graphisme de Raymond Simond, aux Éditions Prise de parole.

Published by The Porcupine's Quill, Inc., 68 Main Street, Erin Ontario N0B 1T0. Printed in an edition of 600 copies, July 1978. The type is Helvetica light with medium, and the stock, Zephyr Antique Laid.

ENFANTILLAGES

Matinale

Enfant aube au réveil
sourire vert d'espoir
de printemps
le rire éclate
papa !

Ça vaut mille nuits blanches
des chaudes larmes de peur
tu m'appelles
je sors de l'ombre noire
je suis né...

Quand tes yeux

Quand tes yeux sont voilés de larmes
Et que tu pleures tout ton saoul tout à coup
Mon cœur désolé se cache dans le sable
Pour ne pas être inondé

Et quand moments après tes rires ont oublié
J'ai encore envie de ne plus exister
Tu me brises en morceaux une fois de plus
C'est toi qui me formes me façonnes

Vie circulaire mon enfant...

Tiphaine 1

enfant cuivrée combien belle
un geste problématique de tes yeux
sait fondre mon roc
et geler ma peur

Tiphaine 2

tu chantes comme le plus bel ange –
oiseau de jamais enfanté
en amour déchirant
par deux êtres
qui grandissent
au son de ton sourire bouclé
délicat comme tes doigts et dur
de la volonté de vivre

Tiphaine 3

Ton étonnante douceur répétée sans raison
m'émerveille plus qu'aucun rêve ou voyage

car un simple geste de tes yeux plissés
me soude au sol étranger de cette contrée savante d'enfance

comment dire mon bonheur de larmes naissantes
ce sourire impossible qui fond en frisson

ou l'incroyable fragilité de tes doigts
tendus vers moi ouverts de confiance

Bestiaire

le soleil   soleil chaleur brûlure calme
ensemble nous ferons un monde

le poisson   le poisson voit tout
de son point de vue
et avec raison...
interdiction aux hameçons !

le chaton   ronronnante boule de fourrure
son élan l'amènera dans ton cœur

le chien   le chien te dit
« tu sens bon, je t'aime ! »
n'as-tu pas envie
d'être bête comme lui ?

la girafe   taciturne douce et modeste
la girafe pense que le ciel
est fait de tendres feuilles vertes

le coq   l'orgueil à crête
salue la journée à tue-tête
ce qui est plus bizarre
il ne la pleure pas le soir

⁂

La poursuite du monde

C'est dans les sourires des enfants que le monde commence
fleurs de rire / fleurs de pleur à fleur de peau
fleurs de méninges aussi dans la fleur de l'âge
enfant-pensée   enfant-pâquerette
trille solitaire dans les forêts des adultes
odorant lilas du printemps
perce-neige éclatant et rose rouge digne et grave

C'est dans les sourires des enfants que le monde grandit
faon taché de rousseur au soleil
chiot lécheur chaton coup de patte dans l'œil
doux louveteau longeant les chemins instinctifs de l'avenir
et poulain tout en jambes sautillant dans les champs

C'est dans les sourires des enfants que le monde accélère
été éternel enfantin enfantera l'automne
fine fleur fanera et chaque feuille choit
l'hiver dessèche réduit l'être à l'essentiel : froid

Pourtant :   le sourire sans raison rayonne
　　　　　　les premiers pas chancellent d'espoir
　　　　　　les yeux malins ne succombent pas au sommeil
　　　　　　bref le bonheur béat des nouveaux-nés

Toute saison se redresse chaque génération se régénère
naturelle marche du temps dans l'espace

C'est dans leurs sourires que les enfants nous recommencent
innocence   ouvrant nos cœurs
　　　　　　comme des fleurs
à la poursuite du monde

❖

Carrousel

La poésie, c'est la vie intérieure
qui déborde en rigoles de rythmes
en chaloupes qui chavirent

qui résonne en de notes gonflantes
de l'orgue de l'homme universel

qui grince grimaçante face à la folie futile

c'est le sourire serein de l'enfant endormi
c'est des yeux très jeunes   grands
comme deux hippopotames crottés
devant la renaissance matinale
de la lumière

La solitude

ce n'est pas ce que vous pouvez croire
si vous voulez absolument croire un samedi soir
à quelque chose

c'est une enfant-soleil qui se lève
souriant une guitare
au bout d'une tresse qui se lève
loin au-dessus de l'eau

ou nage un poisson
au milieu des flots
qui a l'air d'un avion
qui vire de bord
comme le sourire du soleil

(enfant)

qui a des ronds
comme les flots
dans ses joues

deux lunes inégales
qui brillent
matinales

sur un dessin de Tiphaine, pour ses 8 ans
❖

Amour-amer-amarre

Quand je suis venu

Quand je suis venu tout a changé

vois-tu les étoiles ont changé de chemin
la lune son orbite
le soleil sa lueur

Quand je suis venu tout a changé de place

vois-tu les livres sortis de leur bibliothèque
l'ampoule de son abat-jour
les épices de leur pot

Quand je suis venu tout a changé de forme

vois-tu le soleil elliptique
la lune carrée
les étoiles en astérisque

Quand je suis venu rien n'était pareil

vois-tu le travail quotidien
le magazine hebdomadaire
l'assurance-vie annuelle

Quand je suis venu te prendre rien n'a changé

ni le cours du monde
ni la vitesse des voitures
ni l'arôme du café à minuit

Quand tu es venue me trouver

vois-tu la fatigue de mon corps
la chaleur écrasante
la contrée étrangère
le pays entrevu
le rythme à créer

Quand nous nous sommes rencontrés

vois-tu l'heure tardive
(pourtant très tôt)
les bouteilles vides
(prêtes à remplir)
le langage chantant dans l'air

Quand nous sommes partis

vois-tu les poches vides
l'avenir en point d'interrogation
en ignorance de tout

Quand nous sommes ensemble

vois-tu le présent s'allonger
en avant-hier et après-demain
en une belle coulée et peu placide

Quand nous habiterons un présent éternel

vois-tu

Blason

Ton mollet tacheté de rousseur au soleil
est pour moi seul la suite logique
d'une cuisse trop blanche en contre-jour

et ton sein arrondi de caresses
et ce regard perdu
entre phare et récif
témoignent de nul autre que toi et moi

Tes lèvres sur ma hanche font frémir
la plus vieille douleur naissante
dévoilant une enfant brusque et tendre

et tes yeux qui mais qui
dira tes yeux de la plus forte douceur
remplis de paix et de soucis
pour une trêve constante

Ta proximité fait trembler les murs centenaires
soleil lunaire apprivoisé
et un calme tropical d'orages et de sel

à force de fondre ta folie
fera vivre et naître
les galets sourds de savoir
et mes yeux aveuglés au soleil
❖

Les vagues de la mer

Les vagues de la mer ne verront jamais
où commence ton regard
ni tes ongles rongés d'inquiétude
pour l'enfant endormi
ni tes larmes de colère
restants de l'orage violent

L'écume de la mer a beau connaître
les goélands et parfois les arroser
jamais elle ne pourra comprendre
les plis du sourire de tes yeux changeants
(verts comme la mer ambres comme l'horizon)

Et ton sourire est-ce les côtes hostiles du Nord
qui me feront l'accueil de tes lèvres
qui me feront frémir de froid
là où commence mon désir fidèle

Ce n'est pas en voyage perdu
que ta tendresse me sera livrée
avec la force de l'ouragan

Mais à l'intérieur de notre pays
de temps et saisons variables
qui nous unit dans le long voyage
au terrain vague de la vie ensemble
❖

La joie s'éteint comme la cendre

La joie s'éteint comme la cendre
le silence se fait nuit et s'impose
lourd sur les épaules du temps
et la maison meurt lentement au soleil

cadenassé le mouvement libre de l'être
cacophonie du vide insupportable et pur
aube démolie saison avortée sinistrement
par les sombres soins des techniciens du néant

Quel accord rétablira l'harmonie
de la danse quotidienne

(et quelle enseigne bariolée saurait
exorciser le noir glacé)

Suffit-il d'une seule voix claire d'enfant
pour ranimer un printemps d'aube
et de sève jeune au cœur de l'arbre
⁂

Pourquoi le poème

Pourquoi le poème
    quand mes doigts effleurent ta cuisse somnolente
    et que l'oubli t'est plus cher que mes caresses

pourquoi quelques vers
    quand tout notre amour déchiré
    meurt de soif, et l'eau est si proche

pourquoi des mots
    et encore des mots pour parer
    aux coups bas d'une vérité inavouable

    folie de l'amour qui ne sait aimer
    qu'aux cris de la vengeance quotidienne
    pourquoi ces blessures insouciantes
    infligées au cœur du jour

    et pourquoi cette dureté grandissante
    qui étouffe la douceur de nos rêves

    poème pis-aller du désir
    poème substitut du geste
    poème cul-de-sac de la liberté
        viol de la feuille blanche et
        détournement de l'amour

❖

Sonnet 1 : adoration

Mes tempes frissonnent quand je
    contemple toi les cuisses où
longent tes jambes comme si de rien n'était

parce que les temples ne sont plus les
    mêmes et ton ventre vaut une sainte
église palais mon palais aussi
    frissonne quand ton serpent s'insinue

La parole ma parole languit car
    insipide puisque ma main moule ta
hanche havre feuillu juteux
    été des neiges vertes et brûlantes

ô que mes voiles ne déchirent point mais
    gonflent vents et orages en dépit des
paroxysmes qui m'atterrent jusqu'à
l'aube solitaire où le soleil malgré tout

Engagement

Caresser les mots comme je caresse ma femme
les saisir à pleines dents, les croquer
comme une belle pomme, rouge comme
ta langue qui rugit au fond de ma gorge

les pétrir comme du pain, à pleines mains
les tordre au cou, faire crier de douleur
tel une bête qui met bas, et qui bêle

Prendre les mots comme je prendrais les armes
les armes blanches, les armes défensives
pour protéger ce que j'aime, ma femme
mes enfants mes principes les miens les nôtres

les brandir comme un drapeau, à pleins bras
pour tordre au cou, faire crier de douleur
les menteurs mielleux, les fantoches du froid

Sinueusement aimer les mots comme ma femme
dans la lumière humaine du jour
pour abolir la nuit terne et trouble

gracieusement aimer les mots comme le papillon
le matin l'abeille le trèfle la truite la rivière

fraternellement aimer les mots et toujours dire
les mots de tous les jours les mots qu'il faut

pour que demain appartienne à nos enfants

C'EST UN JOUR DE DIRE JE T'AIME

C'est un jour de dire je t'aime

    un jeudi par exemple : pas nécessairement ensoleillé
    rien de neuf sur terre, ou peut-être si : quelques papillons
    le blé qui germe, un enfant malade
    de rêves avant-coureurs de l'aurore
    monde intime et qui me réveille

C'est un jour pour dire je t'aime

    puisque les éblouissements de la veille
    puisque le doute rongeur
    puisque les agressions quotidiennes sourdes
        nous amincissant à crédit

C'est un jour à dire je t'aime

    ce n'est pas la fin du monde : un autre début peut-être
    de la fine neige blanche, un bon café noir
    des rêves aigres-doux à réinventer

C'est un jour comme tous les jours

C'est encore le jour où je dirai je t'aime
  ❖

Pourtant tu es belle

Pourtant tu es belle comme ces vieilles montagnes

    qui surgissent au soleil, bleutées
    dans la chaleur de plein été
    tantôt sourire à l'air
    tantôt recouverte d'ombres
    tantôt inquiète et tendre, avant l'orage

Pourtant tu es chaotique comme la rue Saint-Jean
où les lumières lancinantes dansent des danses
macabres les rouges et verts fulgurantes étoiles
filantes de la porte Saint-Jean à la côte du Palais
la foule armée putains drogués bourgeois les yeux
dans la poche et la tête ailleurs qui passent et
passent et passent et passent et nous on regarde
passer et on pense

    Et on pense à notre île où tu étais belle
    et j'étais fin et un peu poète et
    on était jeune et on en profitait

    et à Ivan et la découverte d'univers
    Québec-la-ville et Charlebois et Dylan et
    la conquête et notre conquête du monde

Au nord…

Au nord de notre vie

ici

où la distance use les cœurs pleins
de la   tendresse minerai   de la
terre de pierre de forêts et de froid

nous

têtus souterrains et solidaires
lâchons nos cris rauques et rocheux
aux quatre vents
             de l'avenir possible

Lorsque mes mains musiciennes

lorsque mes mains musiciennes jouaient le long de toi
un nouvel air chaud comme le soleil
tout chantait les arbres les parfums le fleuve
et tes cheveux caressaient ma face à n'en plus finir

ô la musique à merveille que c'était
nous allongés tambourinant au beau mitan
de la caisse de résonance de nos rythmes nos
corps danseurs allègres inventant finalement
une fin saccadée à l'accord parfait

et ô qu'il est doux de reprendre une même mélodie
recomposer ses coloris en contrepoint endiablé en
sonorité sensuelle de bras de jambes sur ton corps
sur mon corps entrelacés rythmes intimes recréés

  je suis mouvement tu es geste
  je suis voix   tu es un peu moi
  je suis troubadour   tu es ballade

    nous sommes chanson

Presqu'un sonnet sensuel

Ton soupir sensuel m'inspire et m'érige
Désinvolte il prend l'air du temps   (il fait beau)
De très loin je désire être dedans   (soupire-moi)

Je veux être à l'intérieur de ta langueur   il fait beau
Je veux aller au fond des frissons   inspire-moi

Pour toute l'éternité de l'instant mortel   (il fait beau)
Jusqu'au seuil souterrain des sangs inextricables (aspire-moi)

il fait beau dans ton pays de miel et de foin
soupire-moi de couleurs réelles et de regards riches

il fait beau près de ton rire évocateur
inspire-moi à ma plus puissante folie fantôme

il fait beau l'air chauffe quand tu soupires
aspire-moi à l'intérieur de ta langueur

❖

Sonde

Mon corps explore tes rondeurs usuelles
(lentement ma frayeur frôle ses limites)
ton poignet touche la plante de mon pied
sûrement cette sensation durera

:

(était-ce hier que mon ardeur flottait
amarrée aux nuages noirs   clair-obscur du jour ?
était-ce hier qu'aux coupures quotidiennes
nous avons imposé le soleil ?)

Ta lumière irradie : lents et doux
tes doigts découvrent un espace émerveillé
qui s'étire étonne de la souplesse du regard
et extasié devant les couleurs captives

:

(était-ce hier que la nuit chantait
des poèmes enfantins à l'infini ?
était-ce hier que nos songes sacrés
cahotaient dans leur canot à la dérive ?)

Notre sonde sera profonde, ou ne sera pas
nos bouches assument leur verticalité

(était-ce hier que la mollesse
régissait au pays des humains ?)

:

descendre est un devoir qui débouche debout
sur la vaste chaleur du cœur creusé de l'étoile

❖

L'ENTRE-DEUX SAISONS

le silence me sied mal ce soir

la musique est éteinte le printemps se fait attendre
le père d'une amie est mort ce matin
et nous serons tous un peu plus nus

le silence me sied mal ce soir

les amis sont lointains comme les lueurs de la ville mal-aimée
la clarté a perdu de son éclat
je suis l'hiver je me meurs mais lentement
dans ce piège de métal long et cruel

le silence me ronge ce soir

rouille dans la ferraille rat de dépotoir
matou muet des ruelles petit désir vicieux
petit péché pas très mignon souvenir de remords rampant

le silence m'accapare maintenant

présence des plantes et des herbes sèches
têtes de poupées aux yeux vides et ternes
livres pleins de poudrerie nocturne plénitude dérisoire

le silence m'éteint inéluctablement

demain apportera ses morts aussi les vivants vieillissent
le temps nous tracasse   les vivants aussi

que ce silence enfante au moins des rêves
chez les enfants qui chanteront au réveil
une mélodie rafraîchie pour bénir tout ce qui vit
et pour saluer la nouvelle journée
❖

La musique dans ma vie

Ma musique de cœur
(rythme intercontinental)
devient musique tout court

Ma musique des enfants
disparaît en distance
(le pays est grand)

Ma musique des corps
se fond en soupir
et en lointain sourire

Je vis au nord de moi
(le pays est grand)
je vieillis à vue de cœur

Mes musiques peuvent arrêter
(le pays est grand)
je suis toujours troubadour
mes rythmes vont reprendre

Montréal bouillonne

Montréal bouillonne comme un canard
au printemps   mon périple d'automne
se masse sur les frontières
un départ un adieu un envol
à l'est le soleil se lève
au nord s'annonce la neige
mais la ville ses sens uniques
ici pas de battures accueillantes
ici on picore les poubelles
il faut de l'espace il faut de la place
il faut de l'air

    on réchauffera la maison
    on rentrera le bois
    le long hiver ne nous aura pas

Montreal frétille comme un grand adolescent
au printemps   stone   sur l'adrénaline
le vendredi soir   parti
on ne sait où   où le nord
où l'Amérique   où le rêve perdu
et demain il neigera sur mes trente ans
non c'est trop facile à dire
demain il neigera il fera beau
l'automne est aussi un début   (à bas les symboles)

    on réchauffera la maison
    on rentrera le bois
    le long hiver ne nous aura pas

Montréal scintille fait miroiter ses atours
comme autrefois les femmes dites de plaisir
comme un enfant son émerveillement dit naïf
le temps bat de l'aile entre Montréal et le nord
moi je tourne en rond en attendant l'heure
du froid mûr   des ponts de glace
l'hiver n'est qu'un trait d'union entre les mots
pour ceux qui savent suivre la piste glissante
vers d'autres saisons de verdure

on réchauffera la maison
on rentrera le bois
le long hiver ne nous aura pas
⁙

Tu as des yeux

tu as des yeux de veau
suppliant
        ma tendresse carnivore

tu as la chair ferme
priant
        mes envies de basse-cour

si je chante à tue-corps
tard le soir
c'est que l'aube ici est précieuse

et

on ne se baigne jamais deux fois dans la même aube
⸭

J'AI PENCHÉ MA TÊTE

J'ai penché ma tête contre
la tuile glacée d'assez de toilettes de tavernes
où on a besoin d'une halte et
où on pisse brutalement sur ses bottes
(où le graffiti est raide à en faire pleurer
de tous les coups reçus
de tous les coups pris
au hasard des vendredis de paye)

J'ai posé ma tête temporairement
sur le cabinet de médicaments
de la salle de bain d'assez
de jeunes filles en fleurs
à l'ombre
de villes petites comme des salons doux
et parfois de sous-sol
où il fait mieux reposer sa tête
que dans des motels qui ne méritent pas
d'adjectifs

et une fois c'est déjà trop
pris d'un coup dans du sirop de son
épais à en faire mourir
mis en boîte en banlieue
(ma gaine me fait mourir)
mourir bien mort comme un poète
trop beau trop jeune mort de l'ennui
collectif
avant d'entrevoir la fleur
de ses vingt ans
à l'ombre pour toujours pour 41 ans

l'éternité avant son temps
sa tête totalement assassinée
dodelinant dans le vide assis sur un banc
dans un jardin tout fermé
sans appui sans appel sans appui sans appel

et j'ai même été pris
d'une nostalgie de motel anonyme
tard le soir quand j'ai cogné mon crâne
sur la couche de fer sécuritaire
de la maison souterraine emplie de pas
menaçants où il n'y a même pas
de papier de toilette pour que les pauvres saoulons
ne se pendent pas en attendant de revoir
le juge qui les attendait le lendemain
de l'arrivée de leur dernier chèque de bien-être
bien-être bien passager buvant du St-Georges
sans rêve chevaleresque aucun sans histoire
juste pour boire pour plus rien voir
sans chercher à savoir sans vouloir
juste pour boire

et tout cela est loin tellement
loin d'une joue fraîche d'enfant endormi
offerte en toute naïveté à l'épaule confiante
d'un voyageur ordinaire qui monte
l'escalier quotidien
l'embrasse bien à couvert dans un lit de rêves
d'aubes répétées
fait quelques pas de plus
s'allonge s'étire se love

et s'endort   sans peine
⁂

Sonnet (désaxé) trente et quelque : comme un ange temporaire

Si jamais tu revenais...

comment réinventer la chaleur naïve et blonde
de ton ardeur

pressée comme une avalanche d'avril qui chavire
en chutes de crue en matin de mai

comment retrouver entière rayonnante
ta forme fulgurante   cet étau sublime
qui bouleverse et tombe   torrent en désarroi

l'été se prépare à ton retour
les feuilles mûres   l'or solaire
offrande volontaire en conscience de cause

la lucidité est impitoyable : qu'elle frémisse
au moins maintenant   à ton retour

en attendant l'automne inéluctable
⁂

Je suis le pet

Je suis
le pet sublime dans le cosmos
Je suis
le cri total ineffable ineffectuel partout
Je suis
ici et je ne demande rien qu'à être ici

écoutez-moi pas
si ça vous tente
je chante pareil
je chanterai pareil

pour vous

pour moi

pour le printemps

Poetry

le poète trie
les vers
de leur hiver

et entrevoit
des choix
de printemps

PROSES

Leçon de fin d'hiver

Un matin de fin mars, sur la galerie devant la maison après un bon déjeuner tranquille et amical on est cinq à s'étirer au soleil qui se muscle de jour en jour davantage quand mon beau Monsieur Pif tout fringant tout fier en même temps que sauvage et prêt à se cacher s'amène arborant, si on peut dire, un bel étourneau encore tout frais dans sa gueule de mini-lion-braconnier. On rit, ventre bien plein, devant ce signe de printemps aussi inattendu qu'une carte postale du Pérou.

« Aiiiee ! Monsieur Piiiiiif ! T'es rendu tellement chasseur que j'aurai pu à te nourrir et je vais me sauver assez d'argent pour me payer de petites vacances de Pâques au Mexique ! »

J'ai peut-être touché son sens d'humour félin car il tourne sa tête vers nous et il a l'air de sourire à moins qu'il bâille d'ennui devant la banalité de son succès, mais quand bien même il desserre ses mâchoires et si vraiment il souriait il ne sourit plus longtemps. En fait il se la referme vite et doit se grincer les dents en regardant s'envoler lourdement l'étourneau – secoué pas mal soit dit en passant – suivant tristement des yeux une seule plume noire infiniment plus légère que son regard qu'il braque ensuite sur moi, foudroyant.

Et c'est là où j'ai compris pour de vrai qu'il faut laisser quelqu'un aller au bout de son affaire avant de passer des commentaires.

Merci, j'ai fini...

❖

Dans ma cuisine : le frigidaire

Le frigidaire n'est pas blanc. On l'a peinturé en mauve en 1970. Il a besoin d'être repeinturé à cette heure. Peut-être en blanc, car c'est un frigidaire classique, un Racine, fait au Québec. Donc un frigidaire littéraire par-dessus le marché (enfin, si on veut être précis le marché est plutôt en dedans). De toute façon, étant un frigidaire littéraire, il y a plein de lettres sur la porte. Des lettres rouges, vertes, jaunes et oranges aimantées qu'on change de place à volonté. Toutes les lettres de l'alphabet ne sont pas là, quelques-unes sont introuvables dans la cave, qui ressemble plus à un champ de bataille qu'à une salle de jeu en désordre. Un jour j'ai écrit sur la porte mauve du frigidaire Racine :

```
  LES SOURIS
   QBAK
    XK5
   GTFV
```

Avec ces mêmes lettres, on peut écrire d'autres choses, par exemple :

```
    FUK
  LA   TV
ESSO   BIS
GQ  X  5
```

Ce sont des jeux simples pour amuser quasiment n'importe qui, au moins ceux qui viennent chez nous. Dans le fond, est littéraire qui veut bien l'être…

Croquis de San Cristóbal

« Sens unique, ou, la méthode dynamique d'apprentissage linguistique »

Je loge à la « Casa de Huéspedes Pola », « Casa Pola » pour les intimes. Je prends mes repas en face, au « Palacio Moctezuma », les mêmes propriétaires détiennent les deux établissements. Mon espagnol me revient peu à peu, et ce après dix ans. C'est complexe aussi, en ce sens que je l'ai appris à partir de l'anglais, et maintenant j'ai trois langues qui me tournent dans la tête, tant bien que mal.

Pour venir à une entente sur le prix de ma chambre, trois repas par jour compris, ça nous a pris du temps. J'ai surtout écouté et attendu, il ne faut pas être pressé en ces choses-là, à plus forte raison quand on comprend avec difficulté. Mais j'ai vite eu l'occasion de mettre mon flair linguistique à l'épreuve.

Assis au restaurant pour la première fois, les deux filles affairées dans la cuisine et la patronne, leur mère, empressée autour de moi, celle-ci me demande subitement, « Que quiere decir la palabra inglesa 'why'? » « Por qué », je réponds sans hésiter, tout fier de ma compréhension et de ma connaissance.

Mais la bonne dame a pris ma réponse pour une question, et elle s'en va en trottinant à la cuisine, pour réapparaître quelques secondes plus tard avec sa fille, muy bonita je dois dire, toute moulée dans un gilet blanc où il est écrit « ONE WAY » en lettres rouges, avec une flèche horizontale qui finit en plein sur son sein gauche. Je cherche mes mots, j'essaie de dire « sens unique » en espagnol, ça ne sort pas, je finis par trouver
« Por allá solamente! »

Et le fou rire est parti. La mère s'esclaffe, se plie en deux, regarde sa fille à nouveau, et repart de plus belle. La fille me regarde, rougit, regarde sa mère timidement, rougit plus que j'aurais cru possible donné son teint foncé, puis explose en un rire beau, franc et sain. J'étais heureux comme j'ai rarement été en cet espace de quelques secondes, je riais aux larmes. La fille part en courant à la cuisine, encore secouée de plaisir inespéré, sa mère la suit, à peine capable de trottiner cette fois-ci. Et les rires de continuer longtemps dans la cuisine, d'où le son monte et descend en des mélodies légères, accompagnées de crépitements d'huile et d'odeurs exotiques.

Toute gêne et toute méfiance disparues de part et d'autre, je prends mes trois repas par jour dans la gaieté et la bonne humeur. Mais je ne suis pas encore trilingue pour autant, et je n'ai pas encore revu le fameux gilet.

Café central, San Cristóbal, samedi matin

Ici c'est *le* café, le café cool, celui des touristes style hippie, des jeunes de la place et des « gringos » en résidence. Le juke-box attaque avec du disco mexicain, bruits secs de dominos sur la surface lisse des tables, clochette insistante de l'éclaireur des vidangeurs – ils ne passent jamais à des heures fixes, on est au Mexique après tout ; à la ville de Mexico, pour se faire plus facilement reconnaître dans les foules, le sonneur est vêtu d'un costume orange day-glo –, file ininterrompue de jeunes cireurs de souliers et d'indiennes qui vendent des bourses tissées et d'autres menus articles, écoliers et écolières qui sirotent des cokes en battant le rythme de petits mouvements saccadés de la tête, les filles admirant du coin de l'œil les beaux grands blonds barbus, retournant le regard vers leurs amis avec un air supérieur, leurs yeux ronds pétillants de plaisir adolescent.

C'est ici qu'on écrit lettres et cartes postales, qu'on lit son courrier, qu'on se rencontre : Butterfly Peter entre sans faute à dix heures et quart, armé d'encre et stylo et d'une boîte à chaussures pleine de fiches sur les insectes de la région ; la Québécoise chasse Pablo le poète avec avidité (et réussit : serait-ce à cause de son mince filet de sang cri, ou de sa blanche rondeur ?) ; la cinéaste autrichienne aux yeux cernés, l'anthropologue de Harvard, tous y passent. Les habitués savent refuser les sollicitations constantes sans lever les yeux, sans briser le rythme de leurs conversations ou lectures. Un regard ou un sourire gêné et l'ombre reste plantée là, des minutes durant, malgré les « no » répétés de la victime perplexe.

Ce matin, spectacle inattendu qui devient vite du théâtre spontané, brisant la routine vécue autant par les employés du café que par les clients. Arrivée de deux jeunes couples américains qui s'installent pour déjeuner. Pas difficile cette observation-là, puisqu'ils déposent sur la table des boîtes individuelles de Corn Flakes, des paquets de raisins secs, une boîte de lait Carnation qu'une des filles tente d'ouvrir avec un couteau de poche. Là, ils passent leur commande : quatre bols vides ! Fallait y penser... Les garçons de table, quatorze ou quinze ans, se bousculent et font la course à travers les tables serrées pour arriver premier avec un bol vide, chacun le tenant ferment des deux mains, comme un gardien de but au soccer, criant et riant tout le long. Ce n'est pas de l'ironie autant que de la bonne humeur naïve. Mais au fond, ils se moquent un peu aussi.

Drôle à constater, mais ces consommateurs sont sûrement plus inconscients et moins naïfs que leurs hôtes. Je les imagine du Midwest, de l'Iowa peut-être, surnourris aux grains et au bœuf de chez eux. Ils terminent leur repas typique avec du ginger ale et des cigarettes, laissant autour des taches collantes où baignent des flocons ramollis et des cendres, et un pourboire généreux d'un peso, ce qui vaut cinq cents depuis la dévaluation. Et s'en vont contents, reconstitués comme le lait des vaches contentes, prêts à explorer ce pays inconnu. Et qui leur demeurera sans doute inconnu pour toujours...

LE DÉPART

Toujours l'hostie de juke-box. Cette fois c'est une chanson sentimentale remplie de violons, de notes aiguës trop longtemps tenues par un chanteur mielleux qui finit en mélasse.

Elle est revenue, elle est assise en face de moi, la chanson change, le nouveau rythme marqué de flûtes et d'une basse qui secoue le bas-ventre n'est pas en harmonie avec les larmes qu'elle essaie de retenir. Elle se lève pour chercher une serviette à la table à côté, je n'offre pas mon mouchoir, il est sale et de toute façon elle pleure un homme, grand et fin, et je n'ai pas envie d'intervenir. Elle a dix-huit ans, une grande enfant de l'Amérique, le visage encore lisse sauf les quelques questions qui s'y lisent à présent, comme qu'est-ce que je ferai toute seule (comme avant il y a deux semaines), et quelques exclamations comme c'est pas possible (alors que de toute évidence c'est la réalité même).

Elle se mouche encore, les serviettes sont dérisoirement petites, j'ai envie de lui passer mon mouchoir quand même, mais elle finit son jus dans un gloussement de paille suçant de l'air au fond du verre, je retiens mon rire, ça me rappelle la joie des milk-shakes de mon enfance, elle se lève, va au comptoir, paie son jus, revient, met son blouson, et les yeux encore tout humides elle me demande à quelle heure je serai de retour à la maison car de toute façon on s'est donné rendez-vous pour prendre le thé cet après-midi, je suis désintéressé, je la consolerai (un peu), je n'aurai pas de réponse à ses questions, j'approuverai ses exclamations, la maison est propre, elle se sentira en sécurité. La musique se fait plus forte, maintenant c'est le rythme de la danse et l'inconscience qui efface jusqu'aux vibrations tristes qui flottaient encore autour de la table après sa sortie.

Il est parti (il est beau et grand et fin) et elle reste, et elle restera plus longtemps que sa tristesse. Car elle a dix-huit ans, le temps passera lentement pendant quelques jours, mais cette blessure ne laissera pas de cicatrice profonde. Elle a dix-huit ans, il y aura d'autres départs, comme il y en a déjà eu, les siens et ceux des autres. Et même sans soleil (les nuages gris et menaçants collant aux toits des maisons basses constituent un décor flou mais à propos pour cette scène) ce jour reprendra vite son sourire et son harmonie. Mais cette musique est décidément trop dure à prendre. Je paie mon café. Et je pars.

Abris nocturnes

Lettre ouverte

(transcription fidèle)

Sudbury, Nouvel-Ontario, le 5 novembre 1980

Salut, salut, salut… On m'a donné ce cahier le 1er février 1978, à l'aréna de Hanmer, juste avant ou après une partie amicale de hockey. C'était Michael Gallagher, je crois. C'était un cahier à André Paiement. Il n'en avait plus besoin, vu les circonstances immédiates. J'hésite toujours à écrire dedans. Je vois que les deux pages précédentes ont été arrachées ; comme le dit si bien Éphrem : « J'ai pas de mémoire, mais j'ai de maudits bons souvenirs » ; ça fait que j'espère que ces deux pages-là ont bien servi. J'espère qu'elles servent bien encore.

J'hésite toujours parfois à écrire, dans ce cahier où. Et le temps entre les mots est parfois toujours trop long. Tant de mots et de caresses souvent sur les lèvres de tant de monde. Et l'élégante connaissance, le pouvoir de l'année sont gantés et muets, du moins en ce qui nous concerne.

Tant de langues caressantes, tant de mots touchants dans tant de villages hors temps, hors-jeu, ou hors d'ordre. L'avenir en bolide, le présent illégal, le passé à l'aile droite, et qui patine, et si je rêve comme faut, je vois Maurice Richard, en personne, à Toronto-Canada, qui m'a dit que je perdrais son autographe, sur l'endos d'une feuille publicitaire, et qui avait raison. À dix ans je n'avais pas de cahier, j'ai perdu l'autographe du Rocket, est-ce aussi pour ça que j'hésite des fois à ?

Ce soir on a veillé avec un poète de la côte Ouest. Demain soir on veillera avec deux poètes de Montréal-Québec. Ce soir, ça a bien été. Demain soir itou, j'en suis convaincu. Qui sont-ils ? Qui sommes-nous ?

Ça arrive à l'improviste, c'est imprévu au mois de novembre. Je pense à novembre :

> ... novembre est oriental en sa sobriété
> il nous enseigne la patience et la sagesse
> face au froid qui brûle
> face à la poudrerie périlleuse

Ces vers, je les ai écrits pour la première fois le 1er décembre 1975. Avant que Dédé, avant ce cahier.

Ce soir, dans un pays trop voisin, Ronald Reagan est élu président et je pense encore à toi, Dédé, à George Orwell et à d'autres prophètes et à *1984* comme une bombe, au moins une. Un obus, une bombe, un abus : masculin, féminin, masculin, à ce niveau-là c'est toutte pareille... Je pense aussi à mes ancêtres de bien des pays et à mes enfants : qui sont-ils ? où vont-ils ? qui sommes-nous ? où sommes-nous ? et où demain ?

Les dictionnaires, mêmes bilingues, ne m'aident pas trop à cette heure. Ni les bréviaires, ni. Je suis dans une gare en voyage, non dans une voie de garage. Bien du monde y passe : quand ce monde-là n'hésite pas à écrire ou, la gare est en vie, la vie est en voyage, l'diable est en bricoll', les voies sont capitales, et les noms des villages en majuscules.

Je n'ai pas assez de poésie pour vous parler des sourires que j'ai vus ; il faudrait deux fronts tout l'tour de la tête pour veiller sans vieillir ; mes poumons pomperont longtemps avant que j'étouffe mon cœur et mon peu de patience.

De mes cratères extra-terrestres, dans le temps, à travers des espaces à qui de droit, no trespassing, ne trépassez pas sur le gazon, cette lettre, ce prolégomène pour parler en termes, pour péter haut, ces paroles pour vous parler en toute amitié.

Ce n'est pas sans crainte un peu, beaucoup, parfois, toujours, qu'on aime son cahier comme son prochain. Ma tête volcan, mes émotions explosions, ma main gauche et le reste.

Tout saison vivra. Nous vivons.

Va au diable

d'après une toile de Raymond Simond

repliez-vous sur vous-mêmes autour des tours
redoutez le présent sans songes du futur
c'était écrit mais nous étions illettrés
sacrant sur les chemins de l'incohérence
et plusieurs sont partis par les bois sauvages
pour ne plus regarder en arrière

Palenque : abstracción en la selva

la lune à son plein dérange les plantes
les champignons remplacent les steaks
pieds nus   souliers   et bottes
me dérangent me changent de place
je disparais dans un pépin de tomate
mais pas longtemps
la jungle autour de moi est pleine de pulsations
et de masses épaisses où poussent
les miaulements de départs et des oiseaux rares
le concert continu gargouillement de
module humain mal en point entouré
de tant de feuilles et de bruissements
turbulences   la terre et l'air
expirent des odeurs juteuses languissantes

un chien fou de chaleur et d'elle
(dans un bain de force au bout de sa chaîne)
se déchaîne en un blues rageur
les oiseaux respirent à leur manière
les arbres se déploient et approchent comme
la chienne pour mieux l'étreindre

une vision de longue robe blanche
derrière un camion écrasé de ses
notes de flûte longues et basses
enchante et aime le décor
vient et va sans me prendre plus que ça

un frisé mange trop de champignons et son chien
est nerveux
il devient un étrange hiéroglyphe du drôle
de cœur
de l'Amérique   du drôle de rêve américain
autrefois j'étais un idiot maintenant je suis
un génie dit-il
je commence à croire que je suis un champignon
sa peau est pâle il veut être quelqu'un et il est prêt
à tout   on l'a sorti de prison parce qu'il a cassé la
cabane et son chien
ne sait vraiment plus quoi penser.

la fille maigre les pyramides et le crypte
les toilettes où on chasse ce qu'on peut
l'écho de l'eau et l'air qui la sépare
l'aventure les fruits fort mûrs
et le je ne sais quoi
ceux qui ne savent pas d'où ils viennent
et celles qui le savent trop bien
on n'est pas des sauvages
c'est pour ça qu'on est en visite

les poumons dégonflent sous la pleine lune
des tropiques dit-on mais peu osent essayer
des visions noires susurrent sous les nuages denses de
pluie douce et pleine
on a foi en les champs de force car on les voit

la lune n'atteint pas le masque maya
ne ressuscite ses souvenirs
(entouré d'électricité   bouclier invisible
comme une réclame de coke ou de crest)

on la bouscule trop fort elle fait tilt
la jungle se retire   mais pas loin
et elle attend

Le pirate de l'air

(texte terroriste)

Scénario : un jour en avion les mêmes annonces sur les précautions sécuritaires en cas d'écrasement le même café. thé. lait. entouré des mêmes hommes d'affaires propres en dehors sinon en dedans, je n'en peux plus, je me faufile jusqu'à la cabine du pilote, en me faisant invisible, je prends le micro, je deviens pirate de l'air :

ÉCOUTEZ ! ce n'est pas votre capitaine qui parle alors ÉCOUTEZ ! J'ai vu trop de paix possible pour vous écouter davantage. Écoutez un peu maintenant vous autres, c'est à votre tour, de vous laisser parler d'amour. O.K. là ?

Écoute. Il a été prouvé souventes fois que la guerre est plutôt malsaine pour toutes sortes de monde. Sans parler des arbres, maisons et paysages. Écoute. J'ai rencontré un homme, c'est un ami, un frère. On parlait de « la revolución sin la guerra », la révolution sans la guerre. De l'inhumanité la plus totale, le gouffre monumental de la peur qui fait qu'un homme tue un autre parce que l'autre pense. Sans parler des femmes, des forêts et des fêtes possibles de l'amitié permanente.

Écoute un peu. Combien de temps encore faut-il continuer de même ? Fais pas l'innocent, tu sais de quoi je parle. Je parle de toutes sortes de monde, des arbres, maisons et paysages. Je parle d'un autre qui pense et qui sent, des femmes, des forêts et des fêtes à inventer. Sans mentionner les chemins de la terre, de l'air et de l'eau.

Écoute. J'ai rencontré un enfant qui me parlait du travail à faire. Son chat me faisait de l'œil et c'était bien de même. Il y avait des fruits, des poissons et des fèves, sans parler de la lumière du jour. Tu m'entends ?

Une autre fois, ça aurait pu être la veille du jour de l'an ou un mardi de mai, je ne sais plus, ça ne change rien de toute façon, un jour ou un soir donc, quelqu'un que je connais bien, très bien même, ce quelqu'un rencontre un autre quelqu'un. La première personne regarde l'autre personne au fond des yeux, qui la regarde à son tour et les deux personnes, elles, s'en vont s'aimer comme elles peuvent, comme possible.

Parce que, voyez-vous, 'coute ben, le plus grand crime du siècle, de tous les siècles, ce n'est certainement pas l'AMOUR. Et si tous les savants du monde entier se mettaient ensemble, ils seraient sûrement capables d'inventer autre chose qu'une meilleure bombe. Non ?

Écoute. J'ai vu trop de paix possible pour t'écouter davantage. Écoute un peu maintenant toi, c'est à ton tour, de te laisser parler d'amour. O.K. LÀ ?

Furie folieuse

je suis fou et je rêve à une femme d'avocat
enchanté par des yeux bleu-lac
j'aime déjà des rides de l'est

et ses dents parfaites
et ses bottes
et ses mains tellement plus blanches
que les pieds calleux des indiennes
indomptables le long des sentiers de montagne

sa tendresse pas finie
ses pieds qui se livrent fous
de danses d'amour et peut-être de moi

sa voix où le plaisir se perd
entre les points cardinaux
et d'anciens curés

je rêve avant de m'endormir
je suis avec toi qui viens d'ailleurs
je suis jeune et ailleurs comme toi
et toujours avec toi jusqu'à
ce que (ailleurs) je me réveille
encore
et d'ailleurs...

J'AI DE TROIS...

j'ai de trois cendriers plein la tête d'amours perdues
(au pluriel c'est au féminin, allez voir pourquoi)

il reste une vaisselle infinie à laver
vaisseaux soucoupes volantes et pots de chambre
les tapis sont tellement lourds de poussière d'hiver
qu'ils ne volent plus je ne décolle plus
des amours plein le ventre de rêves enfantés
quand ma cuisine me garroche des bruits
d'affamés de minuit
des indiens traînent sur la table
secondés d'allumettes de bois et feux de brousse
les braconniers rôdent sur les battures

la fenêtre me renvoie la fumée d'ennui
en pleine face par un beau lancer de revers
des plantes défuntes et des coquillages cassés
sur la bande

sandwich d'envie entre deux tranches de train
transcontinental
des paysages d'avant-printemps et les dépaysements
obligatoires (au pluriel c'est complexe,
allez voir comment)

j'ai de trois enfants plein le ventre d'amour perdu

les avions volent plus bas que les plagiats
les bateaux voilent les côtes
les poitrines gonflent en l'enflure du printemps
les coudes font des pieds de nez aux rondelles
et mon ange gardien n'est pas revenu de vacances
forcées

j'ai de trois petits tours et puis s'en vont
plein la bouche de verres et de ventres vides
plénitude du nouveau monde de morale nouvelle

lancé trop haut l'amour s'est perdu dans la foule
à côté de trois sièges vides à la gauche du gardien
(son masque plein de mégots et d'absence)

ÇA FAIT TELLEMENT LONGTEMPS...

pour Mame, finalement

ça fait tellement longtemps que tu dis et je cite
aux innocents les mains pleines
que je suis pas encore capable
de le prendre de le comprendre

que je   disons je reste en vie
malgré et à cause
des planètes femmes
qui gravitent autour de

(parfois ça s'inverse si vite
sans suite
que même si on soupçonne que harmonie il y a)

les pages s'envolent vers le bas
voilant le travail du jour
comme de la nuit

tout se mêle en un vif...

et qui parlera de
l'angoisse du cahier courant
(la rivière   l'enfant   la dernière)

je me perds même si / quand
je reconnais encore le nord
que la musique change se change
donne du change de fil en aiguille
à retordre

en prairie en orbe urbaine

et jeunesse subite aubaine
ou rivière de conscience in-
certaine
coulant sans forcer
sans frayère d'une autre ère
que la mienne

les enfants grandes et petits
la chaleur d'un sourire de mon temps
parfois perdu dans l'espace
et l'amitié et mes mains
plus parlantes ou la langue
que l'on parle lèvres à lèvres

les lignes trop longues
et les jugements de valeur
un foulard jeté négligemment
autour du cœur
et le piétinement sur place
le code de la route cette harmonie pleine
de café de queues de poissons et d'appels

et toujours ces retours toujours en avant
des larmes enfantines et autres
que les mains ne peuvent calmer
et ces accalmies que les mains ne peuvent prendre
et ces mains qui ne demandent pas d'être pleines
mais parfois prises

Fragment du printemps

Il est strictement interdit de reculer devant la joyeuse exigence du printemps !

Printemps :
le fond de l'air est frais
le fond du pied est trempe
le fond de la vallée est pleine
le fond de la rivière se réveille, secoue sa couverture
dure en mille miettes, la lumière y éclate, le vert est
à la veille de vivre, la rivière ne se contrôle plus
se lève impétueusement de son lit, découche, fête chez
les herbes et les fleurs sans convocation, sans
invitation, trop pleine de vigueur pour rester seule et
tranquille, la vallée consent à veiller car elle se
sent obligée mais un peu victime

sur les hauteurs tout bouge la vie bourgeonne
la mousse fidèle à son nom se met à mousser
chez les oiseaux les crises de logement quotidiennes
se règlent à l'amicale, à coups de cris, à coups de
becs, à tire-d'aile
les amoureux sont plus légers que l'air où ils font la
roue
on fonde des foyers simples comme bonjour
et ça piaille dans tout le quartier

chez nous c'est parfois aussi imprévisible que l'été
une gang de gros-becs occupent les arbres de ma cour
sournoisement   je voudrais que leurs couleurs éclatent
mais moi, la grisaille et la brume ne les avons pas vus
arriver car le ciel est tombé, oui, ça arrive
c'est une des choses imprévisibles qu'on apprend
quand on apprend que le printemps
est après venir

Sur le bord du lac Ramsey

Il fait doux. je vois mon haleine sous un ciel gris, qui s'en va en abitibi ç'a d'l'air. mon haleine incertaine comme ce ciel pris entre deux saisons et s'en allant vers l'est. ce n'est pas ce que j'ai pensé, ce que j'ai voulu noter quand j'ai rasé de tomber, arrachant de la mousse trop verte de ce novembre sans neige, glissant de tout mon long sur la pente raide qui descend au lac, sans raquettes, sans skis, sans idée préétablie. sûrement que je voulais venir ici, et ce qui étonne d'abord n'est pas « la vue », la perspective, l'horizon : l'amphithéâtre du parc bell, l'hôpital général, là où naissent nos enfants sauvages, un château d'eau, une grue, un coin de l'édifice du gouvernement bête des vices, la ligne sombre des noirs rochers... non, ce qui étonne c'est la nudité et la fragilité de l'endroit : plus de feuilles, plus d'abri, et ce n'est pas chose facile de ressusciter, d'un coup de tête, d'un coup de crayon, avec les seuls mots et un froid doux autour, les images familières : un clair de lune, un feu d'artifice, des enfants qui nagent nus en riant, une paix momentanément éternelle... non, aujourd'hui je n'entends que les camions qui changent de vitesse en montant la côte sur la rue paris, le cordon ombilical bruyant entre la ville et moi.

je voudrais me baigner, traverser le lac à la nage, sortir comme si de rien n'était dans le bout perdu de la rue edmund, continuer à pied jusqu'à la maison, sans avoir froid, sans grelotter, comme si j'étais la seule bête sauvage et réelle dans le décor. mais le tube vide de bain soleil, la tasse vide de mcdonald's, la plume salie de goéland à mes pieds, les cannettes de bière écrasées dans le feu très mort me glacent, je tousse et je crache. venir aux prises avec novembre, pauvre novembre des morts, des mots pauvres, du souvenir, seafood month, quand le soleil du dimanche après-midi glisse dans l'horizon comme un feu de graisse rouge, comme une porte de prison qui referme, comme le rideau d'une création collective obscure intitulée « été » dont tout le monde a vu des bouts mais que personne ne rappelle

et le ciel n'arrête pas de partir ; au fond, je peux pas le blâmer.

Jusqu'où il faut aller pour être poète

— I —

Jusqu'à la taverne par exemple

— II —

Rester en état d'alerte minimum, le temps qu'il faut, le temps qu'on peut

— III —

Ne pas essayer d'écrire quand d'autres chantent du rock western et qu'on te crie dans l'oreille, 3 centimètres au-dessus du brouhaha général « T'es en train de nous pondre un autre petit poème là ? » Il est quand même permis de chanter les refrains pourvu de ne pas se perdre

— IV —

C'est pas facile

— V —

Je pourrais vous faire rire

— VI —

Je ne le ferai pas exprès

— VII —

Ne pas pleurer sur le papier de peur de brouiller les mots et la vue

— VIII —

Toujours sentir quand l'orchestre tombe dedans, même quand ça risque pas d'arriver souvent

— IX —

Bien respirer entre les phrases parlées ou écrites. Penser un peu à autre chose pour ne pas penser à Ça, tout en ne perdant pas le fil

— X —

Remarquer au passage de nouveaux graffitis. Saluer ses amis. Décider d'la last call. Penser positif. Est-ce qu'on est en char ou à pied ? Les clefs ? La clef ? Ne pas oublier de revenir.

Poème d'amour patriotique

si t'étais le Canada
ta voix une ville vierge
tes cuisses les prairies sous la pluie
ton cou porté haut et fier de toi

si et tant que tu me tangues
que l'enfance traîne à nos pieds
et nous tire par les jupes du hasard

je te regarderai droit dans les lits
et gauchement on grandira bouche ouverte
                              bouche cousue

Spring break

(slow express)

printemps inattendu
au coin de cardiaque et duluth
repères espace-temps
au coin de la saint-valentin
et la pleine lune
sourires aux commissures
des maisons passées au feu
chimie et alchimie
lanternes chinoises un samedi
soir à patins carré saint-louis
rapports de laboratoire ou voyages
avec ou sans reçus et autres
pièces justificatives
toutes sortes de soupers par
les jours qui rallongent
jusqu'aux petits matins
qui parfois titubent en clochards
célestes et autres
les loups sont fins mais les
loups ont faim c'est officiel
dans ce désordre tassé qui jase
et enfume l'absence d'arbres
alentour   la montagne se dénude
et la croix veille comme une
grande cheminée

quelque part entre le pouvoir
et la caverne entre parents
et enfants hiver et printemps
changer le mal de temps-espace
parler un peu sans téléphone interposé

n'être pas plus lyrique que tout ça
me demander si je retrouverai mon
dernier poème perdu   une chance
qu'il est déjà écrit   participer
à la frénésie penser à paris
nuancer la nostalgie du futur
d'il y a dix ans   remonter
aux origines sentir les cycles
de sève d'hélicoptères et de
feuilles séchées
espérer en avoir pour notre argent
et bien placer les folles dépenses
prendre la bière parce que ça
fera un petit fond pour le café
de demain matin
vivre long et écrire court
du moins pour tout de suite

ne pas pouvoir s'empêcher de penser
que cardiaque était peut-être
mal placé au début
cardiaque fait peut-être pas
le coin avec duluth

Trois poèmes en écoutant la musique chez Patrice

— I —

ni fou ni femme patrice
qui pleure parfois c'est pas fin
patine piétine et écœure son chat
et les bornés
il n'y a pas de compromission
les souliers usés à la corde
les rides jusqu'à la semelle

à quand notre musique fatidique
ni folle ni fatale
saxophones de fin de soirée
qui rient
(avec le reste)

— II —

art blakey fait cracher ses drums comme des guns
sur les africains avec qui il joue
eux les mélodies douces et rythmées
des corps cuits longtemps au soleil
lui pour mieux exorciser le passé
et fonder l'harmonie
takatakatakatakakakakakakasourires de part et d'autre
et la flûte finalement l'emporte

— III —

j'entends mal jimi hendrix quand je pisse
patrice rit et me conte une astuce
(you know i can't hear you when
the water's running)

La nuit (du 6-7 oct. 81) porte
(le) conseil (qu'elle peut)

la chaleur dure plus longtemps
que le désir

si seulement une brèche rien qu'une
s'ouvrait sans rancune dans cet automne
de pluie meurtrière comme des mitraillettes
et qui descend tant de feuilles

avec quelle ivresse pallier cette peine
capitale   les froids remous de rivière
frileux au soleil

la résistance se résume-t-elle à habiller
chaudement les enfants contre l'hiver
à soigneusement enrouler son parapluie
vivre assis ou écrire à genoux

(même une lettre reçue du voisin du sud n'est
guère rassurante   aigle conquérant en guise
de timbre-poste   odeur de chair calcinée en
mémoire visuelle   mes anciens m'ont conté)

et que ceux qui aiment tant ma face
prennent garde :
désormais je suis mains pleines tête vide et
complétement à froid

J'ai une dizaine et...

j'ai une dizaine et une dizaine et une dizaine
et encore quelques années d'écoulées et je sais
toujours si peu toujours rien
devant les films derrière les écrans
les enfants au parc tard le soir qui niaisent
et lancinent les arbres aux feuilles tombantes
de leurs jeunes cris octobre et m'effraient
devant les téléphones qui sonnent
une fois rien qu'une devant le
la les l'enfant présent qui saute à
mon cou ou non selon je ne sais pas
ch'sais pu'pourquoi je suis si enfant

Au Salon du livre de Montréal

— I —

devant le stand « libre expression »
(un éditeur)
un étalage de *shogun*
devant une motoneige jaune
plusieurs *shogun* devant une skidoo
devant un panneau libre expression

— II —

Janou Saint-Denis
crie
sa poésie
une heure durant
au centre du salon
plus aucune maison
d'édition n'est désormais
tranquille

— III —

4ᵉ étage dernière
semaine de novembre
premier quart des quatre-
vingt et midnight
cowboy à t.v.

(montréal et des annonces
en couleur à t.v.
sur pilier   4ᵉ ciel)
les années soixante bien
en vie qui hivernent
sous terre loin au nord

on rit souvent parfois
dans des cuisines
(les chambres d'hôtel au loin
à montréal par exemple)
et le film finit peut-être
bien

Trajet (Montréal-Ottawa)

— I —

traversant une petite frontière vers l'ouest
sans changer de vitesse
Bienvenue en
    Ontario
Welcomes you
après-midi plein soleil
j'avance mais
retourne-t-on jamais

— II —

16 h 16 croissant de lune et une
étoile à ma gauche
ciel rose   soleil caché
un demi-pouce au-dessus d'
Ottawa   capitale nationale   50 km

— III —

deux heures de route ensoleillées
en plein après-midi
(30 novembre 1981)
il fait beau et nuit et quasiment
décembre avant que j'arrive

Sans titre à Ottawa-Hull

— I —

j'ai pas à vous dire que c'est pas moi qui
ai fait le monde et encore moins qui le
contrôle alors je ne vous dis que ce
que je vois même si des fois c'est pas
tout là puisque c'est pas moi qui l'ai
fait comme ça   et si des fois il semble
que moi je suis pas tout là imagine le pauvre
monde   lui   elle   nous autres tous
et qui parfois s'ignorent sinon se méconnaissent

— II —

tant de douceur désirée et de méfiance entre-
tenue par qui de droit comme on dit
tant de beaux sentiments au service du
pouvoir ses intermédiaires de plus
en plus efficacement souriants
ou froids et blasés selon
et c'est définitivement à se demander
et il paraît qu'il y en a plusieurs
qui ne se posent même plus de questions

— III —

aux quatre jeudi, à peine mardi
un québécois en forme tasse ma table
mais un homme averti en vaut deux
et je tiens à la main droite mon verre
de bière et surveille mon stylo
avec la gauche   interprovincial un soir
interprovincial d'autres soirs   je dis ça
parce que j'ai traversé un pont et une
frontière non-gardé(e)s

— IV —

le même gars pas tellement plus tard
m'interpelle et, assis, commence à me faire
un discours qui ne tient pas debout
mais qui a le mérite d'être passionné
et quelque peu enragé   paraît
que toulmonde dans place le connaît
et a peur de lui et je lui
écris en pleine face et il reconnaît
les beatles à leur 2e chanson d'affilé
et soutient que touttéfucké
et qu'ils vont vite mettre toulmonde
dehors   et des fois il y a à se demander
même si d'autres   le voyez-vous revenir
ne se posent plus de questions

— V —

et si ce texte semble écrit en pleine
grisaille de l'action c'est grâce aux
circonstances impardonnables quand on s'y
trouve par hasard et les ponts
sur les rivières les frontières sont
aussi provisoires et artificiel(le)s que
le pouvoir qui nous délimite

— VI —

et la dernière chose que je vois avant
de mettre un terme à cette journée ordinaire
et peu commune c'est la dernière
émission de t.v. que je capte dans la
capitale nationale et c'est *The Six
Million Dollar Man* avec ben des annonces
il va sans dire, caricature à peine
animée de la suprématie de nos gros voisins
qui nous possèdent à quelque 80 pour cent
et j'ai beau fermer l'appareil comment dormir
en paix même s'il neige et que Noël approche

J'te trouve...

j'te trouve toujours très too much
la neige te convient à merveille
je grimpe dans les arbres pour tomber
dans les bancs de neige de la rivière
pour toi et quand tu m'embrasses c'est
pareil l'hiver est vivable tu es
peut-être un printemps passé qui reprend
les heures se lisent claires et sans souci
nous savons ce que nous vivons et sache donc

tu le sais déjà les merveilles du moment

Grande vérité matinale

à 9 heures moins 7 le dernier jour
du mois d'août
France Castel chante
on court toujours après
ce qu'on n'a pas
sur les ondes de Radio-Canada
(Sudbury)
pendant que je prends mon déjeuner
avec mon fils qui me jase
et je pense que France Castel
a sûrement raison
et que je ferais bien
de suivre son sage conseil

Disparaissant avec ou sans...

disparaissant avec ou sans volonté
je m'éparpille dans des pays inconnus
pour l'histoire et la prose
il y a les journaux
l'avenir est un nom de village au québec

je ferme les yeux et me vois dans un défilé
d'anciens combattants   je porte les rubans et médailles
du père de quelqu'un qui en est peut-être revenu
des sphinx s'alignent en mouvement vers le premier
plan   je n'arrive pas à saisir longtemps
un dialogue qui semble drôle   je suis après
tomber en morceaux

un scarabée grand comme moi et de couleur claire me
serre et recouvre et me rassemble les membres
une musique marocaine ne m'est pas étrangère
chaleur méditerranée quand les heures ne comptent
ne se content plus et poésie est un petit
mot si rare et sans valeur marchande

mais quels pays on entrevoit parfois même
quand on reste sur place
le monde entier à sa porte ou presque
et le reste sur des lignes de piquetage
ou en photos insolites inédites

au réveil c'est dimanche et certains rassemblements
sont encore plus pluriels voire même pénibles
j'ai beau regarder le jour en pleine face
mes yeux plissent pareil et plus les visions
changent plus le présent s'impose

La vie anonyme des...

la vie anonyme des toilettes de taverne
le premier jour de l'été
quand c'est un lundi
pluvieux et la ville en grève
en chômage en banqueroute
en feu arrangé pour les assurances
et l'orchestre est bon et le monde
trop épuisé pour s'en rendre compte

et les toilettes seules ensemble
s'ennuient en l'absence de graffitis
arrosées par des espoirs en courbes
descendantes qui éclaboussent
souliers, bas, et fonds de culottes

la vie anonyme des toilettes de taverne
quand les urinoirs froids
la gueule blanche béante
et les cabines sans papier de secours et
toulmonde se promène sans stylo, la langue
en bas de la ceinture qui crie
la larme à l'œil
c'est pas une crisse de vie

Je suis ici comme...

je suis ici comme dans une maison
où l'on campe   dans une ville tentaculaire
sans tête   pleine de trous où le vertige
se fatigue à force d'usure

où le vent vide les coins de rue
comme les trains qui traversent
le continent pour couper la rue elm
la route toronto-timmins
le chemin de l'hôtel
                du magasin monopole de la bière

...

...

et je me promène dans cet espace libre et circonscrit
et je me réchauffe janvier et parfois je pense
à plusieurs ailleurs et je fume d'envie d'y être
la surchauffe des maudits bons souvenirs
un lac bordé de sapins tellement ailleurs que j'en tremble
comme les touffes de ces pins ou
comme les trembles de chez-nous
ton corps allègre et je me répète à en déborder la table

et je m'allonge dans ce lit parfois trop petit
et souvent il va sans dire trop grand
et je suis tant ailleurs que j'en nage
et ton corps d'où vient tous ces noms liberté
sur terre le long du sentier à côté de moi
comme sur mer intérieure dans ce lac dans mon intérieur
dans moi moi dans toi après au bord de
au bord de mes noms larmes de rire
à tout déployé dans une vallée des montagnes
ailleurs au fond de nous
le moment toujours musique
brassée de notes liquides et de rêves touchés

Automnales

– I –

je tente d'écrire et mes doigts boivent
l'encre je tente de parler et mes
lèvres se polluent je tente d'ai-
manter et j'éloigne je tente d'ai-
(oui, ça s'en vient) mer mais les mers
roulent je tente de retourner
et le village grossit j'essaie d'
essayer mais la tentative échoue
je veux vivre et la vie s'emmêle
je m'attable la vaisselle est in-
vivable je m'ébranche et les
prix baissent je me bois et
m'assoiffe je te parle et
ne m'écoute je tontonmacoute
et me signe de croix de fer
je ferblanc et tous se plastifient
je m'endimanche et tu t'em
de le dire je con ti güe et

– II –

la lumière éclaire la nuit venant
la silhouette l'entache de mouvement
ce n'est pas le vent qui vibre ce
sont les feuilles dans le vent levant

c'est le jazz qui se lève à la noirceur
le piano affole le crépuscule
le stylo sans grâce façonne le lent
lendemain sur-
place sur-lent dimanche
au jour de celui ce
ci est le repos du dimanchard
(les guerriers à la t.v. éteinte
et la paix qui pousse comme
des champignons hallô
cinogènes)
la lumière éclaire la nuit
naturelle

— III —

tu es opaque dans ta transparence ma belle
et la vérité sort de la bouche des grands
enfants fuckés et tu te rappelles de ton
premier grand tour de la grande ville
nocturne le grand tour la grande ville
(timmins étant jusqu'à récemment la plus
grande ville du monde)
(sudbury étant jusqu'à moins récemment
la capitale mondiale de quoi déjà)
et les feuilles brunissent ne crissent
plus sous les pieds trempés sur les

rochers humides qui grimpent abrupte-
ment derrière la fenêtre de ta cuisine
qui donne à l'est qui donne à ré-
fléchir dans l'opacité du gris
foncé (granit brûlé sur 3 / 4 de
siècle) capitale mondiale de quelle
douleur déjà et je laisse tout ça
à la beauté transprovinciale trans-
générationnelle de dominique qui aime
à distance à vie à mort ses proches et
qui ne prie pas mais vit par un dimanche

— IV —

après-midi d'automne de feuilles déjà
brunes post-partem ad novembrem
le bouleau qui en arrache racines
à l'air les roches qui l'arrachent de
terre (qui le rattachent à l'air c'est
trop simple n'est-ce) pas une fois mais
plusieurs qu'on prend opacité pour
translucidité ma fois mes foies
des fois qu'on arrête et que ça
va déjà mieux que rien

— V —

si le ciel dessombrit le bouleau
grisonne quand les feuilles s'éparsent
la roche résiste la mousse désiste
l'orage rentre à domicile tempo-
rel où le sol roule la
lune refoule là si le dos se cabre
les reins roulent où le matou
rôde la madame fume et le rouge
à lèvres se fane où le cœur
s'écorche quand le repos s'em-
piffre si les bottes s'usent là où
le pied marin sur l'océansale
où sel où salut

D'ÂPRES APRÈS

d'âpres après à arracher un sens absent où les ongles glissent sur le tissu déchiqueté d'équivoque : pâleur mâle, vertige de tige vide. automne à l'instant même. l'instant d'après, amande et sans explication. absent, comme anéanti : le goût douteux de s'anéantir. mieux vaut dormir, remplir ce vide, non le creuser davantage, sans gain aucun.

        DES   des
         EN   en
   CHANTE   chante
    MENTS   ments

        des   des
         en   en
   chante   chante
    ment   ment
          s   s

        en
   chante
    ment

        en   en
   chante   chante
    ment   ment

Lunaisons saisons...

lunaisons saisons salaisons maisons
raisons   (démesure déraisonnable)
je suis naturellement activé(e)
par hill street blues pis
quoi encore   et toujours
ces mêmes associations
sociétés   communautés rasta-
semblements
machine à écrire
déjà démodée et
presque fini cet été
de bienvenue bicentenaire
faux et local
(red herring bleu)
1984 (érables déjà rouges :
fin d'été)
en libert
et en perm
-utation combien
-nation
en quarantaine
(le voyez-vous venir cet
-te fois-ci (là)
) pis pour enchaîner

comme s'il fallait insister
tout ce qui passe par
le papier
le son dérange
-ant de l'électricité

s'il reste des arbres
on pourrait
      s'en rendre contine
                      (content(e))
    combien

De toute évidence...

de toute évidence   (et ça crève le cœur)
le dur c'est pas de flyer ni de déprimer
c'est ce christy de continuum qui est difficile
malgré – et je me répète en dedans
sinon au dehors
ralentir pour vraiment sentir
(figer pour piger ?)
mourir de rire
(pluraliser les étapes. les brûler beaucoup)
et encore avoir une peur de chien bleu d'en
crever de rigoler.   juste pour dire.   ou non.
selon.   (chelon, georges : et ça glisse, c'en
est dégoûtant. ça pis de vache en peur de chien.
ça pisse.   ça sacre c'en est pas catholique.
las, là : la chaude-pisse, et noir avec.   au moins ça
sinon méditerranée.   sûr.   année.   suranné : suivi ?
rigolai-je aux portes ouvertes, à la porte de pantin,
pantoufle, patin, pantoute.)   n'importe quoi en
attendant the tracks of my tears.   noir et velours.
chez nous.   moi j'écoute.   je me.   écoute.   la musique.
celle qui chante.   écœurante.   j'en suis malade.
elle m'a parlé.   j'ai tenté mon coup :   je faisais
semblant d'écouter la musique d'ambiance.   ça n'a pas
duré.   la musique d'ambiance, j'entends.   je n'écoute
plus.   je l'écoute.   j'écoute elle.   elle se met en
chair, elle s'incarne, je ne la mets plus sur un socle
je veux la mettre et j'en suis transi car elle veut me
mettre et ça se dit pas mais ça danse, ça se danse,

where it stops nobody knows, so much, tant et tant et
tant, rien à gagner tout
à gager à perte de vitesse   la main
lente la tête allègre cocodrille grandit grow
le beau et gros show et il est encore tôt
pour les belles grosses santés
sudbury.   vendredi. très fin été. lune qui
descend, qui tarde à montrer sa face
disparaissante.   la musique noire et heureuse
convient très bien.   cela est joyeux
et pas bête, et joyeuse pour y aller
c'en est poétique pour danser de plus belle
toutes sortes de musiques déjà entendues
sinon vieilles qui font qu'on
danse de plus belle qu'on dit si beau
c'en est facile c'en est mourant, émouvant
la tentation constance de cabotiner
l'exigence de continuer   le besoin
de vouloir vivre un peu plus loin.
demain ou l'an prochain.

tout assumer : « dance me outside »
et je n'ai pas à te le dire
rock'n roll dans des campagnes libres
être toujours là et toujours plus
toujours plus haute la danse légère
qui se danse, longue et légère

Lettre de Pouce Coupé

Salut Éphrem,

J'écris pas souvent mais c'est à peu près temps
c'est drôle d'écrire à la lumière d'une lampe à l'huile
faut bien la placer, à cause des ombres de la main qui
tient le stylo, et tu sais les problèmes qu'il faut
déjà affronter quand on est gaucher.

Mais je me plains pas, loin de là
privilégié que je suis, je vis dans la paix
(aussi ténue, temporaire et téméraire soit-elle)
alors que d'autres sont sans secours, et seuls
et trop souvent, et pas mal partout

Même loin des soi-disant conforts et bienfaits de la
soi-disante civilisation, je reçois tant mal
qu'autrement des nouvelles de guerre et de déprime
humaine générale. Toi aussi, sûrement, tu en es au
courant
ça fait que c'est toujours la même affaire
        rien de nouveau sur la terre
        c'est toujours la même affaire
        l'amour   la mort   la guerre
et je dis – arrive en vie –
et je répète pour être bien compris
        – arrive en vie –

Ici où je suis, le bruit de fond par excellence
c'est la crique. Il y a bien des oiseaux, c'est vrai
depuis une semaine ou deux, des chansons de toutes
sortes, attente de la pluie, séduction naturelle,
bonjours au soleil, peur des chiens, coq qui crie en
fin d'après-midi (des grosses journées, bien nourri et
logé) même des luttes territoriales, mais c'est pas des
guerres organisées, et ils prennent pas le bien
d'autrui

La crique au bord de laquelle se trouve la cabane
où je reste – reprenons tout de suite cette phrase !
je reste dans une cabane sur une colline pas mal à pic
en haut d'une crique dont les eaux finissent par se
mêler à celles de l'Arctique : crique Bissette, rivière
Pouce Coupé, rivière de la Paix, le grand fleuve
Mackenzie, l'océan du grand Nord. Le monde est vaste à
partir de n'importe quelle petite place.

en écoutant un chien qui aboie près de minuit

heureusement que les grenouilles chantent

le vent dans les arbres sur la côte
et la crique qui coule en bas

une étoile du soir la jeune première
planète peut-être   plus pastoral que ça

y en a pas

Samedi 17 avril les raquettes calent dans l'épaisse
neige ramollissant quotidiennement.
tempête de neige au petit matin.   c'est après le
dernier appel en Ontario et pas encore trop tard au
Québec mais j'arriverai pas à temps ce soir – nonon –
j'arriverai pas ce soir.

dimanche 25 avril devant la cabane lampe à l'huile
j'entends la crique qui coule en attendant
que la lune se lève et que je me couche
tantôt en raquettes sur la neige sous laquelle
coule de l'eau qui descend dans la crique   le son
de l'eau qu'on ne voit pas sous la neige qu'on
sent sous la semelle sous les raquettes
ciel tranquille à présent
les aurores boréales ont dansé leur saoul
samedi soir comme du monde
les étoiles la lampe et la lune
qui ne se montre pas la face
(un chien au loin, ça ne vaut pas le cru
de la chute, les cris des coyotes)
salut guy lizotte de près de pouce coupé.

dimanche 25 avril plus tard.
une soixantaine d'oies blanches passent
par-dessus la cabane vers le nord, vers l'été qui n'est
encore que problématique.

3 et 4 mai.   neige.

6 mai. pluie.   un rouge-gorge chante l'autre bord de la
crique.   pluie sur le toit, susurrement de la crique.
poésie ?

13 mai. chaleur qui monte. oiseaux en fête.

13 mai. ça réchauffe à Pouce Coupé.

c'est déjà ça travailler : savoir qu'il y en a d'autre
pour demain (et la crique qui déjà se la coule douce
malgré le peu de neige qui reste et qui y
descend, inexorablement), c'est préparer son sommeil,
sinon gagner son ciel.   le paradis, c'est une maison
qu'on monte de ses propres mains, de ses mains pas
propres, et dans laquelle une famille emménage
incessamment.   un printemps tardif, chétif même,
jusqu'à ces derniers jours. il y a eu, il y avait tant
de neige et déjà la crique se la coule douce, il a fait
si chaud et tellement sec l'été passé, le sol
a donc peu gelé, la crique n'a pas débordé
(malgré les prévisions de certains) le sol sec
a gelé peu profond, était bien préparé pour
être goulu : il a bu.   qui a bu, c'est bien
connu, boira : le sol sec boit encore.

17 mai. de ma cabane je peux voir, sur la côte qui fait face au nord et descend vers la crique, la seule neige qui reste autour ; les chatons de saule achèvent, un vert-de-jaune pâle ici et là, dans le bois, dans le haut des trembles.   les roses sauvages s'épinent et bourgeonnent, plusieurs oiseaux au palmarès, les chants aussi fréquents que les annonces à la radio mais plus importants, il va sans dire essentiels.

18 mai. venteux. raser la barbe.

26 mai au soir. le temps hors temps s'achève
arrive en vie

À bientôt, Éphrem, on se parlera en face
c'est bien mieux que d'avoir à écrire
plus éphémère peut-être
mais souvent plus nourrissant
et on lâchera pas d'écrire pour autant.

Je t'embrasse parce que je t'aime…

c'est ça

Grand ciel bleu par ici

*à Tiphaine, Zacharie et Jacob
et à Sylvie Mainville*

je travaille les mots
parce que j'ai jamais
été capable de
garder les couleurs
à l'intérieur des lignes
❖

Le cours des choses

le cours des choses
la courbe de ton dos
cours courbe virage transition
un état voire une province   loin
loin en deçà de la poésie
toute l'incertitude de l'adolescent
m'envahit   me déroute
mon horaire et mon avenir indécis
retour de l'âge et du doute

que j'aimerais écrire une chanson
simplement
ou simplement chanter

quand
je t'ai vue marcher dans la rue
c'était fini pour moi drette là
car tout a commencé

que tu me donnais envie
envie de danser avec toi
de danser tout court et
de tout mon long

quand tes yeux ciel pâle
virent au vert printemps

quand les couleurs ne sont que
tes yeux tes cheveux ta peau
et ton désir bleu et vert
d'été urgent

puis nuages dans le ciel clair de tes yeux
puis cette chaude pluie salée
qui tombe sur toi puis moi

puis est-ce déjà la fin de l'été
avant que ça commence

mais je suis bon à rien que toi
                      sauf toi

quand le seul temps qui passe
trop vite c'est le temps avec toi

quand les heures traînent
et le téléphone paranoïe
quand je suis piteux et
me prends en pitié

quand tu donnes tout à
un absent et ne veux plus
rien savoir

quand je le sais trop bien
pourtant si j'avais moi à te donner
tu ne demanderais pas plus

tu te donnes et deviens
de plus en plus toi et belle

je te prends volontiers volontaire
et disparais à toucher de peau

je tombe et rebondis dans le
trou noir de mes peurs
et absences

je m'écris des lettres
jamais là pour les recevoir
analphabète je ne déchiffre rien

que toi qui danses au loin
tu embellis à mesure
je pleure dans mes yeux trempes
la distance
toutes les distances

je réapprenais le parler intime
et me revoilà muet

je réapprenais à danser
et me voilà en béquilles

je me réapprenais par toi
et me voilà à recycler
aucun système en place
études à prévoir à financer
et me voilà sur le bien-être
émotif

dans tes verres fumés
un parking
des buildings
et ma face longue et triste

les enlèveras-tu
et moi avec

Toi, aux vues

ton profil un instant
deux instants au grand écran
en panoramique

mon cœur en travelling
accéléré   un deux trois quatre
un deux trois

je vais lui parler moi
au gars des vues
avec qui t'as arrangé ça

tant de métrage resté
par terre au montage
des belles scènes
des paroles claires

et ton profil qui bouleverse
tout tout tout

pourtant ta présence
n'était pas intégrale au film
seulement à moi

et l'écran agrandit tant
les vedettes combien plus grandes
que leurs acolytes anonymes
assis en salle chiffres de vente
présences payante   des étrangers
qui pensent sans doute que
tu les regardes   eux
pourtant on sait la vérité
là-dessus   nous autres

toutes ces émotions
ces effusions inutiles
complétement voyons
ce n'est que du cinéma

ému je m'inonde en dedans
et sur ma chemise
gouttelettes ruisselant
dans ma barbe où
je ne ris pas du tout

pouvoir de l'image
présence de l'absence
curieux comme tu seras
toujours là   pour toujours
et à chaque fois que je visionne
c'est toujours moi moi
que tu regardes avec cette
esquisse de sourire entendu
avant de disparaître
transfert de l'image sur
ma rétine   action neuronale
je crois   vue brouillée
automatisme

ce sera toujours ça
le cinéma des affaires
qu'on veut bien voir
mais au mauvais moment
à la mauvaise place
côté jardin ou côté
cœur

on se déplace on paie
de la bonne argent
on s'assoit dans le noir
avec des étrangers
pour ça

j'essaie de t'imaginer toi
aux vues en salle et moi
à l'écran
si ça frissonne si les petits
cheveux sur ta nuque se
lèvent comme la neige poudre
si tu voudrais me rencontrer si
tu te vantes de m'avoir vu
parlé même

si tu aurais le désir profond
l'initiative de dépister les
coordonnées de mon fan-club

toi aux vues à l'écran en salle
dans un bar qui tient lieu de
plateau de tournage
dans un lit
en quelque part peut-être
au téléphone au loin ou
tracée sur papier l'empreinte
de ta main toujours là
comme toi aux vues

Entre ciel et terre (retour à Québec)

dos à dos

dos au fleuve
dos au pays

(à tous les pays)

les îles flottent dans
le fleuve

on survole   pique du cœur
fin de partie ?

c'est l'heure
       juste

tu m'embrasses il n'y a plus que

les bras graciles de rivières
leurs mouvements souples
assurés inventifs
drainent et irriguent le pays

dans mon corps l'empreinte
des lacs et du fleuve

gracieuse

on dirait que la nuit
ne dérougit pas

le québec est un
pays en lacs

on sent leur présence
        d'ici

la puissance d'une rivière
sournoise immobile
en sa surface
les innombrables bras forts
tout le long de ses profondeurs

une rivière n'est guère
lacustre

4 soleils se lèvent
sur québec
brume sur le mont
sainte-anne
fumée industrielle vers
le pont de l'île
dimanche personne

tous les bateaux s'en
vont

les nuages s'en vont dans
les cantons de l'est l'air
de rien   ils n'imitent
rien ni personne

le saint-laurent un instant
se prend pour la baie
des anges   (seins nus
des montagnes qu'on ne voit
jamais d'assez près)

l'île d'orléans danse lentement dans la brume levant ce matin il n'y a pas de soldats

le soleil dans le ciel et dans le fleuve et le ciel bleuit le fleuve est gris à qui le petit cœur vers cinq heures

les champs de bataille sont
vides il n'y a personne
les bancs s'ennuient
diraient certains poètes peut-
être   le petit matin
s'assombrit déjà et moi
avec

l'assemblée nationale se
ferme sur elle-même
j'y ai rencontré louis robichaud
il y a des lunes bien
des lunes dans le salon rouge

tout est gris sauf un pan
de ciel et les toits
disneyland   moi avec

les autobus dorment dans
la rue éteinte en attendant
l'heure du déjeuner et
des touristes

sur les terrasses de la
grande allée   les chaises
sont rangées comme des
anglaises   un bateau
va bientôt passer
derrière le château frontenac
vers toutes les mers
ou tadoussac

le matin est jeune et
les nuages sont déjà
sales

du lit on ne voit que
le ciel   même pas
le sommet du mont sainte-anne
c'est tôt dimanche matin
et le ciel n'est pas
particulièrement intéressant

les routes bleues
s'en vont au bout
de tes doigts

reviennent-elles

lentement le mystère se dissipe

toutes les routes s'en vont
bleues comme tes veines
vers tes lacs

la côte de beaupré regarde
les battures sans rien dire

j'ai déjà pris ce train
voilà presque un quart de
siècle de québec
direction montréal

je n'écrivais pas et je
n'étais pas seul

au bord des rails
près du pont de québec
la roche friable la pente
à pic

pas un anglais capable
de monter par là

la chaudière sautille
au soleil de fin après-midi
elle est toujours jolie

les mouettes sont niaiseuses
comme partout ailleurs

des éclats de moi encore
çà et là dans les rues de
québec et des poèmes de
louis royer encore en tête

le vieux-québec rappelle
niagara falls un instant, puis
le vieux nice

où suis-je   quelle heure
est-elle

mon cœur fait une passe de tambours
africains ou des îles   quand ton visage
masque l'arc-en-ciel   rythmes
dansables tes mains leurs veines bleues
les reconnaissent   tes mains jouent
de l'arc-en-ciel   ça
swingue certain

les nuages énormes comme le ciel de l'ouest
toute l'archéologie de ces terres
à jour ce soir   les oiseaux pour
le contexte immédiat   des bribes de deux
arcs-en-ciel   te dévêts-tu déjà
au bord des saules au fond du champ
❖

le feu crépite et aspire la sève des branches
sèches au son d'un vieux violon
les oiseaux ont de belles pommes à
me chanter avant qu'on se couche
il fait tard et clair   la pleine lune
et le solstice approchent à pas de deux
la chute de la crique est fidèle
jusqu'aux grandes chaleurs   qu'elles durent
ou non mais d'ici les eaux coulent
vers le nord pareil

les grands nuages en forme de tout
dérougissent vieillissent
grisonnent à vue d'œil
il fait presque noir et la lune est d'or
et déjà se lève au-dessus de la colline
un cheval au loin se rassure
dedans et dehors c'est la chanson tranquillité

qui dit mieux

❖

graphies empreintes ayant ou non
laissé leurs traces au passage
carbone 14 à la rescousse   archéologies
des archétypes   l'écriture de maintenant
aucune photo le sujet encore présent
à travers les brumes soleils et nuits
de décennies

j'en trace les traces ici en manque
je consigne temporairement sans doute
ce maintenant d'ailleurs toujours présent
en deçà de tous les -ismes savants
même les doigts coupés mes paumes dérisoires
sauraient le beau savoir
les yeux crevés même là je ne pourrais
désapprendre le décompte de l'ossature
mouvante   même ici j'en suis j'y suis
comme tu me suis comme je t'es

je ne cherche recherche l'image performante
je suis perforé de cela de ceci
ici comme la langue maternelle que ma mère
n'a jamais apprise
là-bas comme le pays où je n'appartiens pas

autochtone et autarcique que l'hiver
m'adoucisse comme le paysage
  ⁜

à qui à quoi tu ressembles
(mes doigts imprimés en percussions
sourdes sur ta colonne)
il n'y a que tes vertèbres
qui m'amplifient
je file une mauvaise métaphore (encore une)
compte rendu à personne d'un spectacle
non public

quel gouvernement ministère agence
m'enverrait documentation supplémentaire
sur réception d'enveloppe affranchie et
c.v. exhaustif en trois copies

tant de poèmes et toujours
ta ressemblance sans aucun doute

des éclats de vertèbres et de chansons
inachevées traînent au bout de mes doigts
tombent sur mon chandail   m'attendent
juste là   s'étendent jusque-là
des petits bonhommes de vertèbres
comme un samedi matin devant t.v.
(entre les annonces) couché par terre
(regard avide)   (doigts en fête)

hey mr tambourine man

L'air de rien, ce

l'air de rien ce poème cherche
se cherche une forme, un respir
ce poème n'a pas de message
il est messager
(as-tu entendu mensonger)
il va de l'avant

ce poème n'a pas honte d'être bâtard
il se sent légitime
même avec de l'eau dans sa cave
même si son chien est mort
il est fier pareil

ce poème vient d'un peu partout
et s'en va nulle part

ce poème affirme   s'affirme
même happé par force montage de bateaux
et passage de sapins   exécutés
par les ayants bateaux et sapins

on ne dira jamais de ce poème qu'il
court vole et nous venge
car ardu est-il de ce faire en
tant de directions à la fois

ce poème ne rechigne pas mais
il chiale un peu en passant

ce poème dit que
si le gazon paraît parfois plus vert
chez le voisin   c'est que le voisin met
trop d'engrais chimique

ce poème ne sera pas payant
mais il sera bon pour ma carrière

triomphe de la forme sur la substance
il cherche se cherche quelque compagnie
multinationale pour financer
une tournée mondiale
en toute bonne conscience

bref ne sait plus trop où tourner
étourdi il donne de la tête
s'envole au ras des pâquerettes
s'enfarge dans les fleurs du tapis
trébuche sur des embûches
embuscades dans le sous-bois
roches roulantes branches souples
parfois giflantes sifflant en leurs
feuilles qui tremblent trop vite

de plus en plus souvent préférant se perdre
dans autant de musiques que possible
(rarement trop)   et pour redescendre
ce poème écrit des poèmes plattes comme

ce poème ne cherche pas l'immortalité
l'immobilité dans le tombeau côte à côte
corps à corps cœur à cœur avec sa
blonde ou sa noire ou sa belle
folie (photos à l'appui des épreuves)

il s'en contresacre de plaire à qui mieux mieux
ou pas veut simplement persister et signer
« a work of art   –   by art »
continue de ne pas assez rimer
ou de trop répéterpéter
sans dessein comme du monde
comme la rue quotidienne

ce poème ne change pas le mal de place
ce poème ne fait pas plus le printemps
qu'une vache

ce poème écoute bob dylan sur cassette
et les plouffe à la radio en même temps
parfois ce poème fait quasiment dur
des deux oreilles

dans sa cuisine ce poème sent parfois
qu'il sait quasiment vivre   en prend note
le temps de le dire   sans plus

ce poème ne fait pas plus le printemps que
ce soir d'avril où la neige
s'envole en bourrasques
comme nuages d'oiseaux migrateurs
tombant morts par milliers tout autour
le vent braille   les arbres se plaignent

ce poème estime que bien du monde
a du sang indien   qui dans les veines
qui sur les mains

this poem lies scattered like snow
                    like friends
                        ⁛

Un mois loin de toi

nuages en dessous le long
du voyage   un instant
pourtant les prairies apparaissent
entourées de blancheur

et plus tard la neige
des rocheuses entre le
blanc des nuages

une rivière verte me rappelle
tes yeux

mer et montagnes ponts nuages
et nouvelles tours de la ville
personne d'autre que moi ne voit
tes yeux dans le vert de vancouver

un aigle survole le fraser
une grue plane au-dessus du
lac la hache   tout le paysage
attirant comme ton visage

fatigue du voyage contentement
des retrouvailles   dans la maison
ça sent le pain frais et l'amour

grand besoin de pluie
ici toute la terre attend l'eau
comme (déjà) je t'attends

début du travail physique
décompression cérébrale
les muscles s'étirent et font mal
que ça fait du bien

un garçon blond est mon compagnon
à la recherche de poissons
je me contente de la rivière
la forêt les chants d'oiseaux
et toute la fraîcheur de
sa présence

mon beau-frère me raconte
les premiers colons   le grain
c'est un grand poète de la vie
du paysage   ce soir la truie
a eu dix petits

chaleur de la journée   de nos
conversations puis celle de
ta voix au téléphone

préparatifs de départ
vacances de famille annuelles
cuisson sur le poêle à bois
dans la maison fait main

les sourires de ma sœur
la beauté tout autour de
ses yeux verts et courageux

en voyage vers un bien
grand lac à 4 heures à l'est
anticipation et grands buildings
des petits villages des prairies du nord

la présence française de girouxville
jusqu'à joussard et te voilà
aussi présente que les très
grands champs verts bordés
de forêt de partout

un festival célébrant la musique
et le solstice   rencontres rapides
et beaucoup à construire

pas de sots métiers pour les
bénévoles   toitures à poser
et plusieurs portes de bécosse

mon beau-frère travaille bien
je l'aide comme je peux

le ciel est mouvementé
les goélands et les pélicans passent
au-dessus du toit au bord
de la crique où on travaille

deux orages tombent sur nous
et pleurent en partant par
le lac   la poussière revole

et quand la musique commence
ça vaut le déplacement et les muscles
ça lève et ça danse ça sourit
de partout longtemps

il reste encore du rose au nord-ouest
quand le jour se lève pareil en face

les enfants les voisins les amis
arrivent village temporaire fête
qu'il fait bon dehors
autour du feu de camp

nourriture physique spirituelle
bien-être certain et l'été
qui arrive grand et sûr

comme dans un autre monde
mais toujours le même
le lac me chuchote à l'oreille
et comme par magie j'y suis

les goélands et les enfants sont
à la pêche ça rit et ça crie sous
le grand ciel bleu par ici

embrassades du départ
soleil plein les yeux et
plein de chansons dans la tête
il fait très bleu et vert (tes yeux)
chevreuils dans les champs
extrême grandeur du paysage
cumulus à faire rêver
et une toune qui me fait pleurer
longtemps

lampes à l'huile
violon et contrebasse
un enfant très fatigué
qui ne peut dormir

et finalement la pluie
qui sauvera la saison
et peut-être le grain

la musique l'accueille
un verre en son honneur
pluie salvatrice rédemptrice
changement de rythme de travaux
de saison

je regarde les musiciens de près
et pense à tes mains

et il pleut
lectures d'évasion je flâne
hors-jeu temps   pause-café
break   les oiseaux
chantent pour rien
que le plaisir

lente lente pluie
maison chargée d'odeurs
au ralenti tu es
toute là sans urgence
mes muscles se crispent
malgré moi

je me couche dans une chambre
et un lit d'enfant seul avec
des affaires que je réglerai pas à soir
jusqu'à ce que t'arrives comme ça
comme souvent   est-ce toi
touche du bois   je joue avec toi
te sachant loin   et avec moi

les citadins et les
annonceurs de radio
semblent en avoir contre
la pluie   pas nous
ça en prend   en masse
la crique s'est remise à couler
selon nos amies
les voisines

beaucoup de travail physique
gants de cuir contre fil barbelé
charrier et charger du bois rough
tenir et pousser les rails
débitage pour la cuisine
et le feu de camp

un dernier repas simple
jambon de ferme et pain maison
promenade sur le chemin de terre
toutes les verdures du pays
de la paix

projet accompli
paix et été

en roulant vers chez nous
la route n'est pas monotone
mais comme pareille longtemps

jusqu'à ce qu'on arrête comme ça
au bord du grand chemin tout
entouré de forêt sauvage pour
regarder deux jeunes ours
à quelques mètres à peine des
grandes fenêtres de l'autobus

c'est comme un rêve   longtemps
et plus tard comme un rêve il y a
de la blanche neige dans les montagnes
autour entre les nuages et à
la descente à prince george tout le monde
remercie le chauffeur   sourires complices
⁕

des bribes de lac à travers
grands pins bouleaux érables
sous-sol de quartz et granit
à travers les fenêtres près du lac

la serveuse fait jouer trop fort
une musique que je n'affectionne pas
mais son sourire si engageant
sa demande si vraie
oui c'est ben correc' lui dis-je
tu peux ben monter le volume

un pan de ma face éclairé
par un soleil pas fort mais pas mort
j'ai besoin de ça au moins ça

éclaircies éclaircies ici
un suisse s'affaire et me fait
sourire

été sans beaucoup de chaleur
que la tienne la tienne
mes os s'en réjouissent
mes cicatrices dérougissent
et les oiseaux d'été
s'affairent d'arbre en arbre
à contre-jour passage sombre
mouches dans la fenêtre et sur
moi et l'isolation en attente

il y a aussi des épinettes qui
montent nouvelle génération
(ô mon père   ô ma mère)
(ô mes enfants mes amis)

après-midi très vert
où un oiseau jaune
s'intéresse aux pommes de pin

les feuilles des jeunes trembles
comme un cœur de faon
le vent vient des mers intérieures

toi dans ma tête
et un bateau sur le lac qui
grisonne comme moi

c'est pas comme s'il y avait
juste toi et ou moi
je t'apprends encore rien
dors-tu la main solidement
entre les cuisses
je pense à toi
je suis à 10 heures
et une caresse
de toi
        et moi

les corneilles criardes
dans mon rêve   je me débattais avec
tel problème philosophique ou tel
monstre sans doute noir sans doute
mais voilà que 7 cris rauques joignent
les 2 rives les 2 pays (sommeil soleil)
me voilà en nage sur le dos
mais où   pourquoi   comment

les oiseaux-passeurs me font force signes
insistants   les trembles tremblent
de leurs griffes printemps
je me réveille usé
comme un lundi matin démodé   corneilles mon
cadran   votre heure devient vite
la mienne dans ces moments de
confusion totale entre nuit et matin
hier et maintenant   hiver et printemps
   ⁘

Nocturne

la nuit hantée comme cette maison
souvenirs de nelligan fou pas fou sa rue

une petite fille sort d'un corps
de femme avec un sourire d'ici
et d'ailleurs   mon subconscient
sur un tapis rugueux   ciel vide
d'hiver   le regard porte au loin
et loin au-dedans

au cinéma un homme à la fin du film
marche jusqu'au bout du quai   pas à pas
et n'arrête pas   on coupe   il sort
tout de suite du fleuve

au théâtre un fils bien-aimé se
pend en fin de pièce   il y reste
inquiétant pendant les applaudissements
la sortie de salle
au théâtre il le refait le lendemain

au théâtre au cinéma on ne le retrouve
pas 2 jours 4 mois plus tard

que veut donc dire l'illusion du réel

et un sourire avide de fille disparue
illumine un corps de femme hantée une nuit
hantée une maison hantée
du vin chante dans des verres
des bouches des esprits

il ne se fait plus tard   il se fait
quasiment rue de la transfiguration
je me liquéfie comme dans un fleuve
suspendu flottant pour toujours dans une nuit
hantée sur la corde à linge
où on a encore réglé le sort du monde
sans qu'aucune guerre ne prenne fin
ni celle des sexes où aucun
cessez-le-feu ne doit être admis
paraît-il   ni celle de tous
les impérialismes   (peace talks
but war is awfully loud)

de futurs textes écorchés se trament dans
les mains les nuits les maisons hantées

l'aube même morne sourira pour
quelqu'un   prière de l'espoir
et de souvenirs inattendus
n'importe où   au coin de toutes
les rues où on marcherait
   sain et sauf

Suite

une table des conversations chaleur
sueurs paroles envoyées haut en l'air
passion beaucoup   terrasse
(feuilles qui tombent éclairage tamisé
couleurs sans éclat)   salutations
transitions trottoirs échanges
regards intenses   rires incertains

une chambre une conversation le
lit pas grand-chose au juste
mais au fond au beau mitan du lit
comme le veut la si belle et vieille
chanson   plus de paroles place
à la danse   tes vertèbres hors
de prix saillants sous des doigts ravis

tu ne soupires pas
un chaud chinook sort
de l'o de ta bouche comme
comme à travers les cols des rocheuses
cherchant une prairie habitable à l'est
une plaine où s'étendre

l'éternité c'est pour tout
de suite quand l'eau impose
sa nécessité   dans la gravité

ça n'arrête pas là les enfants
et l'arrière-pays le savent

jusqu'à nouvel ordre

tout l'o de ta bouche souffle
souffle un blues vert
sans doute la chaleur fait des ravages
la nature fait bien les choses
dit-on   comme on dit souffle

tu fleuris perce-neige à l'instant même

les perce-neige ont la floraison rapide
et de courte durée
le temps est instable au printemps chez nous
le petit a des perce-neige fleuris
vire à l'o au milieu du court après-
midi
o : moment fragile avant fermeture

tes vertèbres saillantes vibrent au chinook
de mes doigts   ton dos arc-bouté un
champ de blé des prairies
le soleil de ton sourire (o) joue dedans

ton dos comme un dinosaure au musée
on a ôté la boîte en verre habituelle
exposition exceptionnelle j'y suis
o merveille

les érables endimanchés pour une fête
africaine   octobre de toutes les couleurs
pluie drue sur le saint-laurent
gris dur

ton o comme un printemps insolite
             (hors saison)

je ne veux écrire que tout l'
o de ta bouche
ton corps arc-bouté
ta bouche   tes vertèbres
ton dos comme un dinosaure

j'ai pogné le rhume national
mais pas les nostalgies même
pas moi c'est ton dos tes vertèbres c'est
tout l'o de ta bouche imprimé
sur moi comme un livre
que j'achèterais comme ça pour le plaisir
pour lire aveugle en braille

(taxer les livres c'est imposer
l'ignorance)

avec toi bain devient un mot pluriel
je te baigne tu me baignes nous
nous baignons un temps deux temps
le bain nous traverse comme nous
traversons le bain (de part en part)

bientôt serons-nous ruisselants de
propreté vivement le besoin de la
douche bientôt métanets mais
ruisselants comme avant

ton dos tes pieds petits mes doigts
leitmotivs   tout le reste est aléatoire
et agréable

un si grand soupir suite à doigts sur
vertèbres comme du piano dont je ne sais
jouer   mes doigts ont bien joui
du spectacle dansant de ton dos merci

tout le reste est aléatoire et encore
autour

que de mouvements comme si tant de dan-
seurs et danseuses d'où viennent où
s'en vont tant de mains et de doigts
danse archéologique au bord de l'oasis

vive l'écosystème local complexe

la peinture dans ma chambre
par la fenêtre de nuit
les feuilles éclairées
encore aux trembles
sans rapport

demain elles tombent
pour devenir jardin
en devenir

dire souvenir ici serait trop
facile mais je me rappelle comme
comme je me rappelle

ma chambre est pleine de dessins
oiseaux tapis courtepointes
un masque drôle à faire peur
jeans sales quelques chemises suspendues
traces d'aujourd'hui et de décennies

pour l'instant tout ce qui me
reste de ton dos est dans
mes doigts au stylo

Entre nous (poème de paix)
à Pierre Germain

entre le vouloir du durer et
les inventions du futur
entre la chandelle et le feu
entre la musique et le silence
et le crépitement du feu
entre les enfants et les choses à faire
entre les fenêtres et les murs et les portes
sans parler des cages de toute espèce
entre le cerf-volant volant
et le brin d'herbe qui va au vent
entre le vague à l'âme et la vague
qui vient et se retire et revient

l'air des montagnes est pur
dur à respirer d'abord trop
léger pour le système lourd
des villes basses et sans vision
(entre les choses et les enfants à faire
entre les cages et les boîtes et les voûtes de fer
où l'on marche)

entre de beaux draps
par terre ou haut juché
dans un lit de fer
ou dans un chemin de fer interplanétaire
respire l'air

entre la rivière et le sentier
(chacun selon sa logique)
entre la rivière et le sentier de chacun

entre la femme et l'homme
entre la pointe de ton sein et mes
doigts que tes yeux regardent

entre le doute et la peur
entre les arbres
entre les arbres et les autres
entre la mer qu'on voit danser
et la source de la danse haut juchée
plus près du soleil
entre ta beauté et la mienne

entre le feu qui s'endort quand on s'endort
et le soleil dans les yeux étonnés peu après
mais toujours le même et les mêmes

entre la route difficile et les sourires
et les huttes les palais les pyramides et
les moutons

entre les hommes qui font la fête et les femmes
qui fuient et qu'on fait fuir
(entre le regard méfiant et l'excès
entre naissance connaissance et
reconnaissance)

entre soleil et ombre et passage du jour et
du lendemain

entre océan et rivière quand la marée monte
mille milles

entre la fête pour les uns et la justice pour tous

entre les nations
entre les sous-nourris aux ventres enflés
et les gros ventres de partout
entre les milliards à nourrir
et le steak quotidien
entre les déluges du passé et le cataclysme
à venir
entre les guerres entre les hommes et
les hommes

entre la vérité et le pouvoir

entre l'arc-en-ciel dans mes yeux
et pluie et neige et beau temps

entre cavernes et cuves et chutes d'eau
entre la fumée et les poumons
entre l'attitude et l'altitude

l'air entre les notes d'une mélodie
(de bas en haut)

qu'on lance de bas en haut
pour qu'elle retombe en cascade
rigolant tout le long et longtemps
de haut en bas

et libre dans l'air

la neige s'empile avec une lenteur nonchalante
aux bords des maisons aux coins des rues
la neige disparaît sous la neige même dans les
cours arrière et aux bords des garages où la
neige s'entasse invisible sous la neige
insensible la neige en surface brille en mille
diamants éclairée par les lampadaires le soleil
parfois la lune fait briller la surface des lacs
gelés la glace parfois à découvert quand le
vent balaie la neige brille la glace brille
diamants pierres du rhin prières de patins
magiques de matins magiques la neige s'empile
avec une lenteur nonchalante qui parfois
réchauffe les cœurs qui hibernent la neige
s'empile lentement aux coins de la clôture où
la neige

le costume blanc de la neige
sur la peau noire des roches
tenue de sortie

l'habillement efface les contours rugueux
du corps qu'il recouvre
ses richesses sourdes et souterraines

le sel et la sloche dans les rues quotidiennes
nos cœurs de cuivre nos gestes venteux

lumières rouges clignotantes un collier
surimposé
paysage avec rien de l'air d'une femme

l'amour est doux
et au fond
l'amour est dur

les chats pleurent dans la cour   la réalité
fouette comme de la vitre cassée   le son un
champ de bataille enfant arraché à sa mère   le
silence s'ensuit ça gèle en dedans   la nuit
nous parle on a peu pour répondre   la nuit
nous parle à travers la fenêtre entrouverte la
ruelle la rue d'à côté   connaître son quartier
les chiens les matous les chars qui passent trop
vite   son quartier un refuge un mot doux pas
de trop pas peur dans son quartier   les arbres
acquiescent ceux qui restent ceux qu'on n'a
pas pu couper dans son quartier   son petit
monde où il fait doux parfois se promener pas
trop loin se promener autour penser à un
voisinage où on peut comme être chez soi
comme chez soi   connaître les rues les ruelles
se promener autour   faire salut aux voisins
même à ceux qu'on ne connaît pas marcher
lentement   les odeurs des jardins de la sueur
du travail des mains de nos voisins   se sentir
bien nourrir les chats les enfants les plantes
vertes se sentir se sentir prêt (comme si de
rien) (les fleurs leur odeur les arbres les
honorent)

⁌

pleine lune dans un ciel clair vue
à travers la dentelle du saule dégarni
(seulement la peau et les os)
notre nuage passe à côté   en route
vers quelque érablière à ceinture fléchée
(pour y boire la sève en échange
feuilles toujours tachetées troncs loqueteux)

attention en avion au-dessus du lac
les forêts qui restent
(en bordure de la route
mirages pour touristes
invisibles les premiers peuples enragés)

une image vaut
pas grand-chose mille fois s'il y a
rien à y voir
la neige vierge n'est plus innocente
quoi dire aux enfants
cette terre est à qui
mieux mieux
les voyages forment
les cadres des multinationales
on rit de bon cœur de nous autres
le contexte est quotidien   l'enjeu
plus gros que tous les lendemains
que chantent faux quelques inconnus

on n'a plus les hivers qu'on avait
paraît-il   père noël   père noël
apporte-moi un monde meilleur
 ❖

peu importe

le soleil poétique ou non dans les yeux
poétiques ou non la charpie sur mon ton
chandail ta cuisse non loin du frein à main du
brake à bras de moi qui sens fort ta chaleur
ton tes rires graves ou non   peu importe non
plus les silences à peine ponctués parfois par
la radio et le long pays et ta chaleur présente
toutes les promesses des jours qui
raccourcissent pendant qu'on dort de plus en
plus   parfois collés pour perdurer et juste
pour se réveiller à la recherche d'échelles ou
d'ascenseurs pour remonter à la lumière
histoire de voir un moment instant quand l'une
l'autre se relève comme ça   histoire de se
remettre d'aplomb pour continuer pour que la
lumière revienne de l'est à nouveau dans la
cuisine avec la vérité de novembre qui ravigote
et peu importe la température ambiante c'est la
chaleur à nouveau dans la cuisine qui fait que
même si la lumière

et peu importe
❖

voyageuses, tes paroles prennent la grand-route
de nuit pour des destinations incertaines voire
des rencontres de haute passion

ton corps parfois ne fait pas autrement
va et vient à la découverte du merveilleux
nulle convoitise billet réservé aller-retour

et dans la grâce de tes yeux le vif de tes gestes
cette présence grandiose de simplicité
le désir s'y lit comme un poème qu'on aime
depuis longtemps
⁜

Humains paysages en temps de paix relative

Hold on, hold on, my brother.
My sister, hold on tight.
I finally got my orders.
I'll be marching through the morning,
Marching through the night,
Moving cross the borders
Of My Secret Life.
Leonard Cohen

L'imagination appelle le risque et sans compassion
le risque peut être fatal. La compassion c'est le filet de sécurité
du funambule de l'imaginaire.
Jean Marc Larivière

L'intime : mode d'emploi

le soleil le matin par la fenêtre de la cuisine le premier jour
du printemps qui joue avec les reflets dans tes cheveux
quelques pouces au-dessus de la mousse dans ton bol de
café où on peut lire éviter les contrefaçons

carole qui me parle du maître chorégraphe cubain
fernando alonzo et de sa femme alicia (amoureux après
tant d'années) prima ballerina de cuba qui dansait encore
quand elle était aveugle on arrangeait l'éclairage de scène
pour qu'elle se tire d'affaire elle est encore plus ou moins
la reine de ce pays sans roi écarté de la carte des parfums
de sa griffe se vendant sur air cubana

ton expression on ne peut plus sérieuse tu portes ton
pantalon de clown c'est le matin tu te brosses les dents la
fenêtre donne sur le nord il me semble que tout ton corps
me sourit

salut ! salut ! salut ! c'est de même que j'ai commencé un
livre de poèmes il y a une quinzaine d'années

mes parents le jour de leurs noces en photo à quelques
pieds de moi les cendres de mon père guère plus loin qui
attendent le repos final et après ?

les états-unis les nations unies le rwanda et la yougoslavie
partout ici qui me travaillent me terrorisent

le violon de wasyl qui m'ébranle combien d'années déjà
depuis sa mort (les paroles s'envolent la musique
m'envole)

le désarroi de ma mère le courage de ma sœur ma fille
fidèle qui me font vivre cette photo de toi et raymond
devant la porte d'entrée sur la porte du frigo (bien sûr)
sous une baguette aimantée non comestible

l'écriture les livres qui fendent la noirceur
un poème de e. e. cummings qui me fend le cœur
(if there are any heavens my mother will)

trois artistes qui se rencontrent à la gno
extensions intimes jusqu'où ?
façade recouverte de mains de passants grandeur nature
rencontres inusitées amicales provoquées par gaétane
dont l'anglais abitibien est
on ne peut plus approximatif
street people off the wall on the wall
la galerie en photos
images fragments de la vie de gisèle et
beaucoup notre vie
au nord d'où déjà ?
un trajet vers le sous-sol le ventre
de cette terre minière signé colette
parcours à rebours   retour vers la gestation

la naissance
(this is my beloved my)

un poème accueille (salut !)
montre ses évidences puis
(on se dit   on l'espère)
s'ouvre la porte de l'ascenseur
tout le monde descend
restez le temps que vous voudrez

la neige qui fond   le goût de ce vin
les plantes qui ressuscitent
merveille des vivaces
les croyances printanières
(& the whole garden will bow)

prétexte texte contexte sous-texte
les cicatrices juste derrière les yeux   rides discrètes
le baume des sourires recevants
marque déposée rides affichées

ce premier moment
où tu m'as touché les cheveux   digue rompue
la meilleure inondation que j'aie jamais connue
ma fille qui me prenait la main avec une confiance
démesurée   tes yeux ciel et rivière
l'angoisse de la page qui se couvre même

quand on est à découvert
dis bonjour au gentil stylo papier
un être à peine rencontré connu depuis toujours

notre rivière préférée jusqu'à la prochaine
un soir d'été et oui un matin d'hiver
nos premières nuits ensemble où
je te chantais aux marches du palais
en berceuse   le triomphe de
l'auditoire qui s'endort en beauté
la manière dont tu te colles dans ton sommeil
mon envie d'aujourd'hui et
jusqu'à nouvel ordre de demain

patrice et moi appuyés contre le mur au fond
d'un petit club l'eau le long des joues
à force de boire les mots d'un écrivain vrai

inscrire à son agenda
s'arranger pour renaître souvent
être présent à tous les instants
même au premier de l'ami pierre (surtout)
tenir son bout quand il semble trop pesant
(le reste est facile   jeux d'enfants)
aujourd'hui je reste chez nous
c'est pour aller loin loin

Capitale nationale, fin de siècle

I

le soleil me suit depuis des jours
je ne peux m'en cacher que
temporairement tel un passage
nuageux   je me suis déguisé
tactique d'évitement sans succès
apparent   dépenses inutiles
temps énergie argent

j'ai longtemps évité le soleil
je ne m'en cache pas   sans succès
apparent   je ne pensais pas
mériter sa chaleur mais j'en
ai profité   hâlé sans mérite
sain sans le savoir   les
fleurs et les plantes poussant
tout autour de moi   je n'ai qu'à
arracher les mauvaises herbes
ou pas

II

un drapeau national claque au
vent les nuages derrière en
contrepoint rythmique   ostinato
comme dans le Canon de Pachelbel
sol y sombra sur la terrasse
un beau jeune couple s'embrasse
s'embraseront ce soir ?   un char
en panne devant   Help Me Rhonda
help me get outta my Honda

au Parlement les membres sont
partis   vacances d'été   on est
au printemps   un Parlement sans
membres quadriplégique   M.P.'s
off riding in their ridings
pendant que quelque part
se prépare la prochaine guerre
mondiale
ou pas

III

des histoires à se raconter :
tie rod just dropped right off 'er
right onta the fuckin road
ou : elle a mis le feu à l'église ?
ou encore : comment peut-on
se construire une pièce tout en
la déconstruisant ?
(comme en rénovant une maison
ou l'écriture ?)

ou encore : comment se fait-il que
à maîtrise égale on peut patiner
beaucoup plus loin qu'on peut
nager rapport à notre rivière
préférée toujours avec le courant
et où le facteur vent n'est pas considéré
comme une variable ?

ou encore

IV

on refait le pont de fond en comble
et trouve des restes humains
des os comme de raison
stop   sos-archéologues   quatre
mois de fouilles   par respect   pour
être correct   cimetière d'un ex-
premier peuple ?   des os
dans une ancienne forge

Jules dit : C'est le comble !   Forgeons
l'avenir !   Était-ce une belle mort ?
Regardes-y la robe : on voit fer à travers !

V

long après-midi de printemps
paysage sonore : circulation bruits
distincts des autobus qui accélèrent
avec échos   une Triumph 1962
sirène de police et dix-huit roues dans
un duo hors-palmarès   des drapeaux
claquent au vent   les oiseaux
ne font pas le poids   écervelés
petit clapotis de l'eau du canal
sirène d'ambulance   vélo ayant
besoin d'une goutte d'huile
sur la chaîne   froissements
de feuilles le jeune orme émet
un son plus sec que le petit érable
le stylo à peine audible en
mouvement   avion devant soleil
deux motos quatre oiseaux en
conversation rauque et urgente
un rouge-gorge annonce le soir

VI

je suis en avance pour mon rendez-vous
de fin d'après-midi   quel mot évoque
le son des glaçons dans le verre
d'eau que je porte à mes lèvres ?
le tintement peut-être   des pneus
crissent je m'en balance   les
moineaux chantent moins mal
que les motos   j'ai hâte de
manger et de donner un nouveau
cahier à une femme
dont j'aime l'écriture   à une
femme que j'aime   je veux
apprendre le nom de tous les
oiseaux que j'entends   un homme
donne à manger à deux canards
je ne t'ai pas encore dit je
t'aime aujourd'hui   lentement
le ciel et la feuille se couvrent

VII

un orme reflété dans l'eau ridée
du canal Rideau   impressionnisme
coucher de soleil sur Aubervilliers
ou Ottawa   je décide quoi écrire
sans réellement le décider
donc sans mérite   les canards
forment un couple en forme de
deux canards lui vert foncé
à la tête elle sobre convenable
ils nagent côte à côte sans
bruit   le vent baisse   l'eau
est déridée   parfois j'invente
un texte vrai   un vrai texte
fictif   les canards redescendent le
canal elle en avant   sa tête
à lui brille au soleil   la femme
que j'aime s'assoit à ma table
je sursaute   je ne l'ai pas vue
venir   comme l'amour

Sudbury

I

et si c'était toujours ainsi
rien que cette promesse de printemps
telle une lèvre frôlant une joue
un rouge-gorge faisant son nid
toujours plein d'attentes de pluie
l'amour bourgeon une graine en terre
un repas fumant qui appelle à table
l'heure de l'apéro comme un je t'espère
cette fête qui est la veille de la fête
et promesse d'avril ou de canot
en eaux libres (promesse de rivière)
espérance d'outardes rentrant au bercail
son sourd et unanime
un avant-vert dans les arbres
et au loin un futur champ de grain

II

nuages et brume froide   presque-après
de l'âpre hiver   grisaille et étourneaux précoces
dans les arbres dépouillés   neige et glace
à la face nord des maisons   saletés vieilles
d'une saison   ou deux

d'autres magasins ont fermé qu'on n'a pas vus
enfermés enfumés que nous étions depuis quand
déjà   nos relations absentes ou tendues à
l'impossible nous cherchons désespérément
le vrai pain de nos jours   quelque part
la pâte doit lever fidèlement et
fièrement au chaud   les lacs sont encore
gelés et nous frissonnons fébriles
à l'approche d'une chaleur incertaine

AVIGNON

I   en chantier

le présent se trame dans une chapelle très XIIIe
la ferveur des pierres d'antan et de la
naissance des voix verbalisant cette cité
des prénoms sans-culottes se portent
prêt-à-porter dernier cri soupirs
et appels au large   l'enceinte n'est plus
à l'étroit   les oreilles ardentes   les mots
simples comme des pierres   étincelles plus que
blocs   des sourires s'esquissent arrondissent
les coins   ça ne coupe plus ça glisse
on dirait un canon (ces voix) on croirait
mélodies de trop loin pour être jolies on
dirait braises qui pétillent   sens aux aguets
ceci est de loin ceci n'est pas nouveau ceci
est vu su entendu   retour à ce qui
commence ceci vient de loin vient d'ici
de ce monde en réfection ceci
s'inscrit comme une simple chanson
chantée face aux fenêtres grandes ouvertes

II   autoportrait

assis à la terrasse de Mon Bar le soleil
en pleine face au-dessus des bâtisses de
la petite place j'écris dans mon cahier
c'est évident derrière moi au soleil
aussi des affiches de spectacles affichées
dans les grandes fenêtres   autrefois
me dit-on de vrais poètes se
réunissaient ici   le soleil en pleine
face et dans mon cœur l'histoire de l'avenir
s'écrit peut-être ici par de jeunes gens
d'ici qui se rassembleront ici à leur
nouvellement élu Mon Bar regarderont
les affiches iront aux spectacles
se serreront la main s'embrasseront
s'embraseront autour du feu de
l'écriture inventeront vie d'exigeants
plaisirs de jazz aux tons des vieilles
pierres   à gros traits rouges sur le
gris sobre
liberté dans l'enceinte renouvelée

III   un moment de repos ou presque

la nudité des platanes camouflage sur la
place   enfeuillés bientôt   l'air amoureux
pour l'instant attifés de tous ces sacs de
plastique comme autant de condoms
rue saint-jean-le-vieux une vieille tour
carrée vient s'interposer entre soleil et visage
au premier se nichent des statues
(de pénitents peut-être ?)   blitzkrieg des
pigeons à l'affût de pain   les filles
sont belles les touristes visibles
je suis à l'ombre   le soleil est
tout près je pense aux poèmes
d'Anne Hébert à ses beaux os
belle cette femme belle et rebelle
que la paix soit avec elle que
les paroles les plus touchantes
soient avec elle que son courage
soit avec nous aimant et boussole

ÎLE DE VANCOUVER

je me sens tout à côté de moi
je te caresse légèrement
à la pointe du stylo
comme si toutes ces chaînes de montagnes
entre nous n'avaient point de substance
survolées seulement aperçues
du ciel cimes et crêtes et cols
fantastiques à des kilomètres du hublot

le soleil est dans mon dos   quelqu'un
lave soigneusement une entrée d'immeuble
gazouillis d'oiseaux dans les grands pins
deux avions au loin   frottement énergique
d'une brosse sur briques

je caresse délicatement le dos de mon père
le soleil me chauffe le cou
l'ombre de ma main écrit des choses

le même poème m'écrit toujours

Pouce Coupé

une lettre peut-être pour parler
de tout et de rien   la sécheresse
et le beau temps et le vent
qui froisse les feuilles me frissonne
la nuque   le ciel voyageur
deux chevaux de trait presque
blancs au repos temporaire
un vire-vent tient lieu
d'avion de brousse à l'hélice
vaillante et gourmande
le paysage danse légèrement
sous des nuages cartoon
mieux vaut en rire
sous le rythme des tambours
rien ici ne va plus vite que les chevaux
ni beaucoup plus lentement
sauf le vent qui s'en permet
des bonnes   le fond de l'air
arrive des Rocheuses

Lac Meech

les restants de pique-nique (peu) dans une
poubelle en métal au parc national
baignade dans un lac à échec constitutionnel
qu'il fait bon étirer bras jambes poumons
on en a donc besoin on y prend donc plaisir
feuillus et conifères pour le décor   sous
l'eau je vois mes doigts longs grandes mains
longs bras s'étirer et tirer   les bulles
la preuve de ma vivance   je fais la course avec
moi-même comme le sang dans mes veines
au sortir on est propre lisse net on est loutre
et truite grise   amphibie devant l'éternel
équilibré à l'horizontale

dans l'eau touche la peau se meut dans l'eau
caresse la peau fend l'eau accueille
la peau caresse l'eau entoure la peau
à l'aise dans l'eau et dans la peau
l'eau et la peau

Lac Rice

retrouvailles avec un partenaire de pêche de
l'enfance des farces qu'on s'est déjà contées
à la pêche alors que la truite importait
plus que tout   avant les vêtements et les
agrès importés   après la mère et avant
le sexe opposé   c'est de haute mémoire
et de petite histoire   c'est la famille
avant que les mailles se desserrent
c'est un baume plus fort que
crème solaire   c'est s'émerveiller
devant les orfraies qui pêchent par
besoin   c'est se salir aussi tranquillement
qu'on se nettoie   c'est constater que même
les petits lacs sont grands les grandes
personnes petites et parfois pures

Sudbury

ici c'est l'été   les journaux rapetissent
des photos d'enfants heureux dans l'eau
éclairent l'encre plus sombre   suicides
viols enlèvements d'enfants sans photos
je lave l'encre de mes mains

il faut épousseter l'ordinateur et dé-
poussiérer l'écriture (courriels aux enfants)
et polir les miroirs   de l'huile sur
l'armoire de la cire sur les planchers de
bois franc

au jardin les mauvaises herbes sont
simplement des plantes qui poussent là
où on ne les veut pas

une fois rien qu'une j'ai entrevu l'Afrique
rien qu'une côte qui flottait un peu dans
une chaleur de montres molles et puis
qui sait ce n'était peut-être rien que
cette garnison espagnole en face de
Gibraltar et en passant comment
se fait-il que des frontières provoquent
parfois des nettoyages

sept gallons impériaux onze cent vingt onces
quelque quarante litres d'eau et plus
pour chasser les résidus du bon manger que
le corps ne peut assimiler

j'ai lavé les vêtements que j'ai portés à la pêche
ils ne sentent plus pareil   eau et soleil
poissons d'eau et vers de terre   sueur
du soleil de lion sur un lac à achigan

Ottawa, la propreté

I   la douche

privilèges de l'eau abondante
heures jours années de saleté
down the drain
des années dans le corps cicatrices
proprettes   serviette moelleuse
privilèges du commerce efficace
le miroir se désembue je vois
apparaître de haut en bas
un garçon que je ne reconnais pas
à peine bronzé un corps
pour l'eau la nage le patin la pêche
dans ses yeux triomphes enfantins
et grandes défaites de grande personne
inquiétudes gravées dans les plis de la peau
et imprimées dans la rétine
des tragédies monstres et d'immondes
famines   shoah   l'hiver un jour du
mois d'août au Japon   l'Afrique tranchée
en millions de morceaux   un dernier coup
de serviette   la journée est partie
pour de bon

II   un message

> *les ambulances font ben bon ben bon*
> *les poètes font ce qu'ils peuvent*
> Patrice Desbiens

c'est ma fête   des souhaits au répondeur
d'un homme que je n'ai jamais vu
à quelques continents et cultures d'ici
du fond d'une cellule de prison
et de procédures douteuses
et byzantines   brousse légale
cet homme me souhaite bonheur
et liberté cet homme a lu
un de mes livres   ça lui a donné
de l'espoir m'a-t-il dit lors
d'une conversation en direct
il est en prison dans un pays
autre que le sien   sa famille sur
un autre continent   je pense
à ma douche matinale la journée
m'envahit pour de bon

III   au laundromat

ce n'est pas un bateau-lavoir c'est
dans le marché capitale nationale
la tévé crie son consumérisme   des
machines blanches et chromées lavent
blancs et couleurs   tapis et chemises
quelqu'un gagne une sécheuse
une automobile   quelques milliers de dollars
je trie calmement les vêtements
et dans la machine je mets bien trop
de savon

de traditionnels œufs et bacon pour déjeuner
le sucre en pochette de papier la crème
en petit pot de plastique une serviette
de papier pour s'essuyer j'accepte volontiers
une deuxième tasse de café

je tire sur la languette
qui sépare l'emballage de cellophane
en deux   je déchire la feuille de
papier aluminium   une allumette
en bois par terre une cigarette à la
gueule   un troisième café

IV

je plie les vêtements séchés les insère
dans un sac de plastique vert que je
place dans un sac de toile
on se protège comme on peut

rasoir à piles poils dans le lavabo
savon à barbe rasoir à deux lames
poils partout je lave et me lave
avec soin eau d'hamamélis sur la peau
propre propre propre et beau beau beau
au loin un homme rêve de savon
et de sa famille

qu'espère-t-il   à qui peut-il dire
je t'espère   je t'espère comme je t'aime
le printemps arrivera-t-il jamais
dans son pays des Grands Lacs à lui
est-il à ce point croyant ?

Fredericton, aéroport

halte rafraîchissante
un bar sans télévision
il ne manque qu'un bon match
de baseball à la radio
ce serait un long après-midi chaud
pendant la guerre froide
match serré   j'imagine
le tension qui monte alors que
la température baisse à la lenteur
d'une longue fin de semaine de
fin d'été   hot dogs pour la faim
bière pour la soif et jeu intelligent
pour l'esthétique de la détente
la grâce d'un Willie Mays peut-être
ou le courage d'un Pee Wee Reese
sa main sur l'épaule de Jackie Robinson
Brooklyn Brooklyn revanche des underdogs
et des Noirs alors que le terme
tiers monde n'est pas encore monnaie
courante   guerre froide froide
comme la bière

être jeune et croire dur comme fer
aux héros être exalté et rêver toujours
que les petits finiront par gagner
un amorti surprise fin neuvième
où je fais gagner mon équipe
une autre bière ?   oui merci

Robichaud

I

ce pays à peine peuplé
trente mille îles pour
cinq mille personnes

plus de poussins que de passagers
dans l'avion   plus de livres
que de lecteurs
plus de forêts que de journaux
plus de gestionnaires que de gestes
plus de crispations que de
crisse !

II

le soleil se lève rouge dans la baie de
Shédiac et déjà la circulation matinale
voiliers à l'amarre et phare
obligatoire   Stella Maris
je fais mon jogging mental alors
qu'un coureur passe devant
le bruit mat d'espadrilles sur asphalte
champs de foin derrière bordés
de petits arbres de ce trop grand pays
à peine défriché

dans la grange des souvenirs
une première baignade dans la mer
je n'ai pas traversé la Manche à la nage
salé et grelottant âme en peine
pour une claire rivière d'enfance

préférer une conversation à la fraîcheur
avec un ami poète qui écrit calme
face au soleil montant
un héron pêcheur la marée à la basse

Le 6 août 1998

I

sans explosions cette ville n'existerait pas
aujourd'hui un camion de dynamite
a explosé en banlieue
sans explosions cette ville n'existerait pas
sans la déflagration météorite pas de mineurs
pas de Sudbury grand trou noir dans l'espace du Nord
pas de secousses qui bouleversent régulièrement mes
rêves   pas de richesse pas de communauté
pas de traces empreintes dans la roche à nu dans nos
cours et nos caves et nos cœurs

II

et le lac demeure heureux   les mouettes niaiseuses
et le ciel presque aussi épais que le sous-sol
de la terre dans ce parc paisible où la radio
joue fort

la paix de l'eau la paix dans l'eau où
on se redécouvre amphibie
on est grenouille depuis longtemps   voire
orignal entre ciel et terre entre bouclier et
marécage et grand chemin du mois de juin

le corps à l'aise dans l'eau longtemps
dans les muscles la mémoire des journées sans fin
passées dans la rivière   un jeu de tag qui
a duré des étés entiers qui duraient des
éternités

plus longues que les guerres dont nous parlaient
la maîtresse   les journaux   puis les livres et les films
et on jouait à la guerre longtemps
et longtemps avant de jouer à l'amour
ou de le faire ou de le vivre

III

j'extrais plus de poésie du lac   de la roche
du souffle de l'amour que de la guerre
d'où ceux qui reviennent du pays étranger des
explosions
sont   tout bonnement   des revenants

mais comme les vagues et le souffle
comme l'amour et oui   même comme les roches
la guerre revient   au pluriel   en majuscules rouges
y penser trop   la journée est à l'eau
la journée est un camion explosé
un cratère où des ex-hommes gisent dans la
boue   dans l'expiration de la parole et
de l'amour
point final obus gros et rond

IV

les vagues explosent sur la roche et se retirent
comme l'inspiration l'expiration
l'amour explose au cœur dans un cri joyeux
comme un enfant dans l'eau

la poésie   sa carte de droit de cité en poche
est assise sur la roche face à la violence
et face à la paix temporaire du paysage

sans explosions   cette terre n'existerait pas

Pouce Coupé

> *the ruin of farmers solves* no *problem and makes many*
> Wendell Berry

I

de l'autre côté de la grande côte
il fait chevaux de trait   calme et étang
travail et paix

ici   j'entends
une machine qui abat les arbres   tous
les arbres   ainsi soit-il la voie
et la vocation de la machine : tout bruit
tout arracher de terre pour empiler sur terre
pour mettre sur une machine autre pour faire
couper par une machine autre pour
envoyer sur la grande mer pour ramener
en boîtes de carton comme copies d'antiquités
canadiennes pour des maisons de vinyle
alors que les chevaux chôment en attendant
les machines de viande à chien

ici
mon malaise est grand   goglus et alouettes
n'y peuvent rien un camion passe en changeant
de vitesse   non loin sur le grand chemin
des lignées de grandes machines s'en vont
extraire de terre la richesse des uns et la
ruine des autres   l'argent des routes et des
machines le progrès la montée du produit
national brut des dépenses de l'essence
des machines des grands chemins du
pré-cuit du pré-appris du pré-pleuré et du
pré-ri   et ainsi va la vie
affairée et effarante

de l'autre côté de la grande côte
chaque botte de foin a son prix
de sueur et de survie
chaque cheval vaut son pesant de vivant
nourrit la terre comme il s'en nourrit
travaille et se repose   tire puis se roule
dans l'herbe où la verdure
vaut son pesant de vert

II

quatre brabançons côte à côte à l'assaut des foins
tranquilles et travaillants comme cet homme
au mois d'août sous un présent toujours
incertain   petits bruits des harnais
oiseaux d'été et chevreuils parmi
les aulnes au bord de la crique
on cueillera dans le jardin le repas
du soir   rien de livresque dans cette
vie voulue collée aux franges de la forêt
à l'amour improbable
au quotidien lumineux aux mains
calleuses qu'on lave dans un minimum
d'eau c'est pas facile il va
sans dire personne ne le dit c'est pas
livresque pas plus (ou moins) qu'une prison
où on rêve de poésie à défaut de ne
pas pouvoir travailler la terre

autre été à la veille de s'achever
grand ménage et équinoxe en
perspective penser à tout ce qu'il faut
pour que tout soit comme il faut

III

si le bon Dieu jouait du banjo il s'appellerait
Béla Fleck   la musique joyeuse ou mélancolique
remplirait la maison chaleureuse
soleil par les fenêtres au-dessus de l'évier
où je fais la vaisselle matinale
en jetant un coup d'œil sur le jardin familial
et que la bouilloire chante sa mélodie
sur le poêle à bois encore chaud

s'il restait sur une terre
le bon Dieu serait petit fermier
produirait
pas mal tout le nécessaire
pour son monde
ne serait pas une multinationale
ne s'appellerait pas
le bon Dieu Monsanto
le bon Dieu Cargill
le bon Dieu Agrobiz
ne s'adonnerait pas à la manipulation génétique
sa création étant déjà complète
et pathétique
ne se prendrait pas pour le bon Dieu
même si c'est ça qu'il est et rien d'autre
ne s'accaparerait pas la propriété intellectuelle

sur la composition génétique de peuples entiers
il a mieux à faire en vérité

il rentrerait son foin avec ses chevaux
presque blancs le long du sentier
au bord de la crique les saules et les bouleaux
se rejoignant au-dessus de sa tête
en une voûte de verdure
le jeu d'ombres et lumière dans le vert
et le cuir des harnais
et les grelots et un sourire
un peu béat sur son visage hâlé
car le travail a porté ses fruits et
il y a de ces petits moments
de joie tranquille
de bonheur extrême
d'éternité entrevue

s'il invitait du monde
par un dimanche après-midi
au ciel menaçant
ce serait ce monde-ci
ce fermier ridé à la voix juste
à la retraite   visiblement content
ces écureuils au babil incessant
cette femme souriante qui chante
les harmonies avec son frère

tout droit du cœur qui tirent
sur les cordes de l'âme
les yeux comme une crique
qui inonde en été et
ce serait ces fleurs-ci
quand le ciel se dégage
cette palette complète
en plein dans les yeux
comme ces petites filles
qui se sautent dessus et
se roulent dans l'herbe

ces sapins aussi grands et vert nuit
à contre-jour
la maison faite main s'y love
le feu de camp danse bien sûr joyeusement
s'il mangeait avec ses mains le bon Dieu
aurait ces mêmes plis
au coin des yeux espiègles
ces mêmes sourires de repos
ces histoires d'il y a vingt ans
ces blagues puis les rires éclatent
et les corps se secouent sans gêne

pas vrai qu'il admirerait
tout ce qu'il y a de plus simple
les longues journées de travail

la vache à lait qui meugle
son trop-plein impatient
les libellules les chevreuils
qui sautent à travers champs
le soleil sur les muscles et le fouet du vent
danses des papillons abeilles dans le trèfle
il pourrait lire toutes les histoires
parfois drôles dans les nuages
mais n'a pas souvent le temps

après avoir fait le train du matin
il se réchaufferait près du poêle à bois
avec un autre café peut-être
la cuisine remplie de l'arôme
de pêches et d'abricots
les longs mois à venir se préparent
les couleurs éclairent
jusqu'à la noirceur de l'hiver et
dansent encore
dans ce qu'il reste de lumière

Sudbury

I

le Canada est un leader mondial en communications
c'est la fête de ma grande petite sœur   son
deuxième demi-siècle bien entamé   on se
parle au téléphone il n'y a pas d'électricité
chez eux   bonjour bonjour elle est belle
sans bon sens on rit ensemble pour mieux
ne pas inonder la ligne tous vont bien
les enfants les cochons les chevaux les
amis la famille   embrassades à cinq
ou six mille kilomètres de proximité
plus de complicité que de nouvelles   j'ai
la poitrine qui veut exploser car
ayant manqué les foins les chevaux
les chevreuils les soupers les enfants
les muscles endoloris les sourires à se
fendre la face je suis là je ne suis pas là
ai-je la poitrine assez grande les poumons
assez forts élastiques amoureux pour
accueillir l'été des Indiens l'automne
la lumière qui s'en va comme tant d'autres
puis la saison où tout est de l'à-vif
sauf moi qui ne rêve que de truites de
retrouvailles de mauvaises herbes qui percent
le sol comme un homme se lève avec l'espoir d'un café

II

cadres à frotter œuvres à remettre
en valeur   un rouleau d'essuie-tout
voire deux   tant d'images parlantes et
qui chuchotent parfois ou se tiennent coites
exigent un regard en coin un
feu au foyer éclairage qui danse qui
tangue qui fait canot sur l'eau qui
gigue valse quadrille qui rocke et qui
slowe qui danse la danse des jours
dans tes yeux des nuits dans tes bras

III

> *Je suis dans la grâce de ton visage*
> *que mes ténèbres couvrent de joie*
> René Char
> *And I have the sense to recognize*
> *That I don't know how to let you go*
> Sarah McLaughlin

cette amie cette camarade cette
copine ce partenaire des petits matins
des grands cafés des caresses effleurant
l'épaule cet apôtre des rêves incarnés
celle qui se lave au vu et au su de
moi   celle qui m'éclaire de soleils verts
qui me touche et m'interroge   celle à
qui je dis je t'espère en pensant que les
chances sont de mon bord   son enthousiasme
mon cri dans la gorge   mon amie des soirs
qui s'étirent des jours qui raccourcissent
des routes qui s'allongent   ma belle de
jours d'ailleurs   de merveilles à venir
de champs de blé encabanés   de pain
noir le plus nourrissant   de vin de
toutes les couleurs le plus suave   d'
eau la plus douce   de pentes les plus
raides   d'amour le plus encore et
encore

Ottawa

je m'apprête à changer une lampe brûlée
le son humide d'autos qui passent tout près
de l'autre côté du mur des bruits inquiétants
entre mes oreilles mon sang bat fort
des siècles et des siècles coulent dans mes veines
les prostituées s'installent au coin de la rue
convenablement l'été tire à sa fin
une phrase de poète sur le mur m'interpelle
j'ai le goût de chandelles et d'une poésie
irlandaise incandescente mon amie

mon amante mon amour attend ma venue
ce soir on s'endormira chastement je mettrai
ma grande main sur ses cheveux je frôlerai
de mes longs doigts son oreille les saisons
se conjuguent simplement les verbes sont
parfois au passif mais la vie verbe
sans adverbes ou adjectifs inutiles
je ferme la lumière avant que la lumière se
ferme et non sans avoir repéré le chemin
du stylo au matelas du papier au drap
des mots à l'amour

Sudbury

I

ce soleil cette chaleur ce lac
cette illusion de paix
à l'annonce de l'automne
ces drapeaux ce monument aux morts
ces gens qui se rendent à l'hôpital
ce train qui part
ces policiers méfiants ces pompiers pressés
cette cheminée qui s'est remise à fumer
ces belles maisons ces fleurs qui fanent

tant de roche pour si peu de plage
tant de bateaux au quai
tant d'outardes sans billet aller-retour
tant de soins pour si peu de prévention
tant de fumée et si peu de feu
tant de morts en entrefilet
tant de coupables sans culpabilité
(tellement)

II

j'ai lu *Climats* d'Herménégilde
la limpidité du mystère
écriture souveraine   résister
à la tentation d'une référence
québécoise ou canadienne
tête claire   genoux écorchés
par la difficulté de vivre quotidienne

escalader des dunes ou des roches
écarts de longitude   léger
ajustement de notre horloge
biologique   rien de dramatique
tout serait tragi-comique
à la face des vents contraires
fuseau froid ou salé où le vrai
nord le vrai est l'orient
(L'Avenir est un nom de village au Québec)
l'avenir se trame dans nos tripes
le statu quo est un risque énorme
aller vers l'autre voyager vers soi

Ottawa, Action de grâce

le soleil brûle le rouge jusqu'à la cendre
je suis brun roussi ratatiné ne peux plus voir
lumière incandescente de la mort qui approche
le givre se récolte dans les champs fanés
tu m'offres de l'ombre bienfaisante
où je me désaltère   j'ai une faim
de loup qui rôde à l'approche de l'
hiver   la lourde odeur d'humus
dans le sous-bois parmi les fougères
brisées   la brume de mon haleine
dans cette clairière sur le bord du
monde   il n'y aura pas de révolution
dans les miettes d'octobre   nous en serons
protégés par des épaisseurs de chandails
tu te réveilles en toussant   la vaisselle
est à faire   débute la course de fond
avant le décès ultime de la lumière
une seule feuille trop vive   paroxysme
l'automne s'installe avec toutes ses valises
de vieux cuir   comme un dictateur
qui rejoint serein les rangs de l'
opposition   on n'y peut rien sauf
se méfier   si on y prête foi on ne
le verra plus jamais tel un bon livre
prêté que devait absolument lire
une connaissance amie

refuser de jouer quitte ou double
avec l'automne   quitter plutôt
le soleil dans les yeux jusqu'au
plus lointain horizon   cet éclat
douloureusement lumineux   énorme
sourire sitôt rictus   ombre
autour du cœur   désir immense
comme une boule rougie d'octobre
qui se noie dans un lac final

Libertés provisoires

Poèmes 2002-2003

longing 1 *n* (**a**) (*urge*) désir, m, envie, f **to have a sudden to do** avoir un désir soudain *or* une envie soudaine de faire.
(**b**) (*nostalgia*) nostalgie, f, regret, m, désir, m
(**c**) (*for food*) envie, f, convoitise, f
2 *adj look* plein de désir *or* d'envie *or* de nostalgie *or* de regret *or* de convoitise.

Dictionnaire Robert-Collins

« C'est comme ça. »
Patrice Desbiens

Airs horizons

le temps ralentit parfois et le poème prend
toute la place   autour de moi de la
musique et des accents chantants
des bouteilles s'entrechoquent les motos
pétaradent les jeunes coqs fanfaronnent
installation des fêtes sur la place centrale
du village   lumières scintillantes et pères
noëls à la coca-cola™
on se promène sous les palmiers le soleil couché
une chanson quétaine à la mélodie racoleuse
m'accroche dans les filets de son sentiment positif
sans olives l'apéro dure très longtemps
et le poème finit par rester sur sa faim

que trouvent-ils les rois mages (qui sont-ils)
dans cette brasserie chauffée à bloc
quartier latin d'une ville hivernale quelconque
les miroirs justifient le niveau sonore
(trompe-l'oreille)   est-on toujours ex-
patrié (ex-joueur de balle, ex-enfant de chœur
ex-amoureux incrédule) à paris
en roussillon en québec en nouvel-ontario

les arbres de noël sont petits comme l'europe
comme les américains se font petits parlent bas
comme les serveurs ont la taille basse le nez haut
comme l'hiver déstabilise   (ici comme ailleurs)
comme les rois qui font la tournée des grands-ducs
ne trouvent pas leur compte   mais l'addition

café comptoir et tranquille reggae catalan
par une matinée grise et enrhumée
nous irons quand même à la plage
pour parler de *trickster* de *shapeshifter*
je ne me baignerai pas dans l'eau
mais dans un univers tout juste derrière
le tain   là où on danse sur des
musiques transformantes là où on
conjure des malheurs séculaires
par force de caractère
et autres connaissances occultes
dans des langues qu'on fait siennes

le temps d'une histoire délirante renversante
là où on nagera longtemps à l'aise
   ❖

objet trouvé à la télévision française (collage)

demain   visibilité médiocre   mer agitée
la discrète approche d'un ennemi
aux grands prix dont le métal déjà s'oxyde

le quotidien transformé en événement majeur
❖

solstice d'hiver 2002

I

côte vermeille

à michel et michèle

pins   palmiers et platanes à camouflage
sur fond bleu et bleu   ciel et mer
vignes en terrasses jusqu'au bout du cap
vie de village région excentrique   terroir
(c'est tout à fait comme chez nous dirait raymond)
c'est à la veille de la pleine lune et du solstice
(pareil comme chez nous)
la mer est un peu plus grande qu'un grand lac
les commerces sont fermés pour la sieste
(des vétilles)
sourires embrassades poignées de main nouveaux
        amis
grillades toasts jeux de mots et rires
sous le soleil qui décline
ciel et mer roses   caresses
et lever du soleil à l'avenant
à rêver la vie parfois
parfois   on vit la vie rêvée
    ❖

II

banyuls-sur-mer

à tomson highway

les poumons pompent
je monte la petite montagne
trois cent cinquante pas   bien comptés puis on
    redescend
son et lumière : lune montante et mes poumons
encore capables   nous avons parlé de mythologies
avons bien ri   bu du vin de ce pays
retrouverons le chemin du lit
le bonheur bien compté pas
à pas

III

un autre retour à barcelone

à s. m.

le grand pin pousse à même le pavé
plaça del pi entouré d'orangers
le soleil fait son apparition sur le vitrail rond et
    rose
de santa maria   tout comme
ces musiciens ambulants   harpe des andes
et castagnettes et violon
déjà dépaysement

tu portes ton nouveau chandail rayé multicolore
tu parcours le monde sur ton clavier
et parfois me portes un regard en douceur
je me dis que les pistaches les amandes et
les olives d'aragon aiment
le vin de la rioja autant que moi   je me dis
que j'écris plus lentement qu'auparavant
que le solstice d'hiver ouvre l'année comme
mes doigts entament les cerneaux
que les gens sur la place sont à la fois
bruyants et paisibles que barcelone est
une belle vieille ville et que tu es belle mon
    ensoleillée
❖

et bientôt noël

à raymond lalonde

le soleil dans les nuages roses au-dessus de la mer
un peu plus tôt qu'hier   retour de la lumière
qui gagne joliment sur la noirceur
au sortir des tunnels des rêves

la tramontane s'est levée de bonne heure
portant par bourrasques les froides odeurs
des hautes montagnes   un bateau blanc
traverse le champ bleu devant la fenêtre
bleu et blanc dans le ciel et la chambre

lentement je me dégrise reprends couleurs
la neige absente appelle à une rivière
tout usage   patin et pêche et brasse vers
l'autre rive   dans ce décor de cactus de tuiles
de bougainvillées   au cadre planant des mouettes
hier soir le sort du monde a longtemps été évoqué
non réglé   comme l'avenir   le printemps
    appartient
aux jeunes   chaque jour un peu plus ouverts
⁙

générations

à zoé

j'ai relu des poèmes écrits pour toi il y a trente ans
je vois ton jeune émerveillement dans les yeux de
    ta fille
j'aime ce cahier à papier quadrillé

les nuages sont roses dans le ciel
une enfant pleure sur la place
on parle catalan dans le corridor

j'aimerais que ce monde soit assez grand
pour toi mais surtout assez juste
et rempli d'amour comme les yeux
d'une petite fille

    émerveillés
      ⁂

V

retour des saisons

à tiphaine

je garde une photo de toi et ta fille
dans mon cahier préféré   toi en rouge
beaucoup de rouge   elle en bleu
qui te regarde avec tout son jeune amour
tu regardes l'appareil   le photographe
avec tes yeux jeunes et fiers
amoureuse révolutionnaire
depuis toujours
tu portes sûrement ton t-shirt che (rouge)
en dessous
ta fille a ta bouche et un début de sourire
qui se déploie en le tien
le soleil brille au-dessus des montagnes
au départ de barcelone direction nord
il y a des nuages aussi en cette veille
de noël   et vous non plus
ne changerez peut-être pas
le monde mais
le monde change déjà grâce à vous
⁝

à la cinquième décennie après ta naissance
à la loupe de toutes les guerres   de tous les
    déchirements
depuis

au regard de ta rousseur flamboyante
de la bouche de ta fille qui nous incarne
avec ses paroles et son sourire déjà

tu me parles d'elle et du monde sur
de longues distances et tes mots sont
mon émerveillement d'il y a tant d'années déjà

et mes inquiétudes d'alors et déjà
le monde est à mal de nouveau   toujours
statues icônes saintes supplices

et qu'est-ce que les forts sont puissants   et
    qu'ont-ils
au fond contre la tendresse le partage
leurs croyances affichées cependant

rites de dimanche   (de week-end)
charité bien ordonnée photographiée   déduite
aux impôts   depuis quand

déjà   qu'ont-ils donc contre les enfants
    ❖

il n'y a plus personne
et toutes et tous résonnent
dans le cœur mien

vu qu'ils ont parlé si fort
insistant longtemps
pour peu que j'y étais

un peu chronographe
secrétaire d'assemblée
après les faits

un peu, de grâce, de paix
⁌

je voulais ce soir tout de suite mais
tout y était en même temps comme si
toutes les stations de radio passaient sur

la même fréquence mais la basse
était isolée un instant   puis les claviers
et momentanément la guerre était au passé

même pas là   les musiciens étaient une
troupe de danseurs   une gang de fous qui
passaient de ville en village   jouaient juste

devant l'église ou au marché ou
dans une taverne tout près   villon
soûlon à l'écoute et pauvre rutebeuf

pas loin   ou encore près d'une frontière
sur quelque grande plaine où on parle
fort à cause du vent et assez bien merci

dommage   c'est pas venu ce soir tout
de suite il me semble qu'il y avait là
un bon filon   maudite radio
⁝

son et lumière à la télévision
bruits de bottes et vents meurtriers
protégez vos enfants avec nos produits chimiques

clament les annonces qui ponctuent
l'information la désinformation
(profits et guerre annoncée obligent)

quel magnifique panorama au bord du gouffre
    béant
que les leaders nous font honneur
et tant nous respectent

il n'y a que la guerre pour instaurer
la paix en ces temps de paix relative
la guerre absolue pour une paix absolue
muette et noire

un gros véhicule sport utilitaire avec ça ?
un gros retour sur l'investissement avec ça ?
un beau contrat de reconstruction avec ça ?

et combien de millions de gens   de citoyens
simples comme nous et pas fous du tout ?
(simples – innocents ?)
    ⁂

the kick-ass version

la mère de toutes les dystopies est
activée par des fils fidèles aux vraies valeurs
du pays   au-dessus du ciel
de la loi ils planent dans leurs planes
par terre ils tirent avec leurs tanks
ils violent violentent par vertu pour
victoire   gaz oléo   la tournée des
grands-ducs oléo olé   olé ô ohé matelot
la mère l'amérique l'amère
qui nous pèse tant et tant et
nous soupèse tant et tant et
nous pèse notre père qui êtes sous terre
calciné sans caleçons *sans everything*
qui n'êtes plus rien peu importe les
invocations convocations confabulations

la mère de toutes les dystopies est bien
sûr marâtre ou
le père de toutes les dystopies est bien
sûr parâtre
ou encore
⁙

camarades le temps dépasse nos frontières
et les envahit à notre insu sans
qu'on le veuille   qu'on soit prêts
le nouveau siècle millénaire déchante déjà
alors que plusieurs dansent encore
les musiques sont belles nous interpellent
les enterrent les tambours d'une guerre
bien plus grosse que mon imaginaire
arrêtez ce carnage avant que ce
carnage arrête
tout

⁘

à denise brassard

toujours cette musique qui me rappelle la paix
et les plaines   et les poètes voyageurs
métis de la parole nous nous entendions

à l'orée de l'automne dans les jours qui
déclinent et jaunissent dans des
villages qui rougeoient de leur accueil

ne parle surtout pas quand cette musique
passe monte plutôt le volume plus fort oui je sais
mystérieux qu'on se passionne pour ceci pour

cela mais celle-ci de grâce ne parle pas
plus fort encore
c'est la paix
et la guerre et mon père et

ses camarades de tous bords tous côtés
qui se plaignent et geignent et les leurs
qui pleurent et c'est la paix dans les plaines

la poésie au poste avec ou sans papiers
camarades   au front   on fait de la poésie
aujourd'hui le contingent à l'écoute

l'angoisse quotidienne en sourires déployés
tapant du pied   l'horizon à l'ouest
au diapason   un peu plus fort encore   monte
   ❖

parfois les distances se franchissent comme ça
d'ici à là-bas cinq heures par temps normal
heure avancée ou pas   parfois

des années-lumière (comme) en rêve
je suis malade ne vais pas à l'école ne
comprends pas que l'école puisse exister

sans que j'y sois je rêve de ma rivière
la beauté des arbres autour des truites dedans
des patins dessus des aventures lues que

je voudrais donc vivre
d'ici à là-bas dix ans par temps normal
retard du village ou pas

je déambule dans les rues d'une ville en
    trébuchant fin
saoul me retrouve devant un musée des
beaux-arts jusqu'alors inconnu (de moi)

drôle de début désaxé   fais l'amour sur
la banquette arrière d'une deux-chevaux
dans le garage d'une maison de province
(france) avant mai 68

(drôle de sensation) fais rire un groupe de jeunes
de sixième d'un lycée en banlieue communiste
de paris (avant mai 68) ils sont mal à l'aise

rire à l'école   c'est contre le règlement
du moins contre la pratique
huit heures et demi en traversier de l'angleterre

jusqu'à la doulce france
(personne ne me tirait dessus lors de
mon débarquement historique) on ne disait pas

encore faites l'amour pas la guerre et je ne
faisais pas la guerre   mais c'est risqué pareil
(voyager, rêver)

à quelques heures-sommeil d'ici par
temps normal (heure accélérée ou pas)

miles davis *time after time* la musique est
éternelle ou alors on se trompe tous
on danse toujours ou on manque

le bateau qui tangue canot qui vogue
les raquettes qui soulèvent des espoirs toujours
le café qui s'annonce   encore étouffés

et voilà en douceur ça se présente   tout
tout petit et grandiose   là comme ça
tout est à fleur de cœur sur la main

inscrit là indélébile   qui tape du pied
ne peut arrêter   ne peut pas
ne pas danser
⁂

depuis la première frontière traversée   le sevrage
il y a cette soif débordante et inextinguible
mais où aller   à quelle source boire
jamais de miroir qui l'étanche
jamais les moyens   que le désir
voyages de la soif   tiens voilà
sinon un titre   une piste   longue et
tourmentée
soif de pouvoir
de connaissance d'
expérience
soif guerrière
soif d'intimité d'amour
soif

tu dors paisible (je ne connais de tes rêves que ce
que tu m'en racontes) à la veille d'un autre départ
    tu passeras
dans une autre juridiction
il n'y a pas de douanes   que des forces policières
tu feras ça dans les règles de l'art et en
ton absence il n'y aura que tes yeux dans
les miens   ne m'en sèvrerai point
(final) toi et moi et le monde aussi
longtemps que l'eau qui coule
de source incertaine
    ❖

la seule musique ici   le réfrigérateur   ostinato
qu'éclairent deux chandelles vouées à la
noirceur   et le stylo qui danse mal

-habile même quand il n'y a pas de bombes
qui tombent   au réveil   si réveil il y a
je te regarderai au fond des mers bleu-vert

une musique surgira de l'aube sans doute
laiteuse   on se retrouvera peut-être en
cinq / quatre au rythme des minutes

de pointe   on se chantera l'essentiel
⁂

cette ascèse d'être seul avec tant de musiques
et trop de mots pas
assez encore peut-être
sans (aucun) doute
qui l'eût cru *who knew*
nuages avec peut-être percées de soleil sûrement
des averses parfois la grêle mortifère
la neige jamais loin du seuil   du jardin
le froid qui pardonne moins qu'un pape ou
un président d'empire oligarche (pétrole)
(eau) (air) (qu'importent)

ciel dégagé cirrus mauve à l'ouest tour
de communications (*sic*) aux lumières
clignotantes à gauche (au nord) du pin
blanc (rouge ? je ne l'ai pas tâté)
le sol en plongée arrangée esthétiquement
cahier neuf extrême encrage
qu'est-ce qui s'approche de moi en s'éloignant
il y a de ces hauteurs si tant recollées   tout
près   engagé du dénuement   naissant encore et
cet espace ouvert que sont les pages
pas grandes d'un lieu à tracer

où revient-on à la fin du voyage   identifier
le point de départ   aller savoir
lorsque les plaines frémissent sur une
musique de jazz   palmarès basculé
lorsque quelque ville ancienne se réinvente
sous nos oreilles   lorsque la rivière du
village se rapetisse pour embrasser le monde
lorsque paris par exemple à nouveau racole
lorsque barcelone arrondit les coins
lorsque le train siffle en rase campagne
bloqué vingt-sept heures sur de bien
grandes plaines   lorsque pour la première fois
on voyage trois milles en vélo jusqu'au
prochain village ou qu'on passe une semaine à
la ferme à nourrir les bêtes et à boire le vent
peut-on fuir en avant sans espoir de retour

bribes d'un vert été irlandais

And the world did gaze with great amaze
At those fearless men but few
Who bore the fight that freedom's light
Might shine through the foggy dew

The Foggy Dew (traditionnelle), chanson composée pour honorer la mémoire de ceux qui ont donné leur vie au cours du soulèvement de Pâques, 1916

I

inis mor, aran islands

faudrait-il que chaque attaque sur la page
soit un repli   écriture : défense légitime
un cheval broute à côté d'une boutique en

plein village   le soleil couchant touche une
maison précise   le souper était bon
l'agneau un peu trop cuit mais quel plaisir de

ne pas manger de pommes de terre de la famine
le ciel rougeoie je roussis pour changer
déplacer   quelque chose de rauque encore et
     toujours

roche et eau et falaises vieilles tranquillement
animées autrefois animistes   le flamboiement
de septembre s'annonce comme une menace

on n'a plus les octobres qu'on avait   je ne
décrirai pas le ciel   j'ai déjà vu écrites ces
couleurs   quelqu'un que j'aime bien déjà a

fermé la télé   un certain temps passe   je ne
reconnais pas ces chants d'oiseaux au couchant
une musique convenue rompt le peu de charme

le cheval et la baie tranquilles
nous sommes avec voyages   avec pauses
     publicitaires
avec mort annoncée livrée à domicile   nous

sommes de moins en moins nous en
attendant une aube censée venir pour
tous   et demain le cheval reprend le service
   ❖

II

carrick on suir

si le temps avait changé son ressort d'épaule
si l'été avait d'abord traîné les pieds
comme ceux sans fin apparente de l'enfance
    insouciante
s'il avait fait demi-tour à mi-chemin
pour voyager vers sa froideur originelle
en se précipitant comme s'il eût hâte à la
morsure sans fin prévisible s'il était sorti de ses
gonds comme arraché par un surhomme
    hollywoodien
(un oiseau   un avion   le surhomme!) si sur un
coup de tête il avait donné des coups sans coup
    férir
s'il avait désinventé le cours des choses la
    chronologie
des cœurs s'il était pervers désintégré aliéné débile
s'il avait voulu écarter septembre pour instaurer
février à rebrousse-poil   plier froisser mutiler
s'il avait cru dur comme faire se peut à l'implosion
    de
l'avenir est-il possible qu'il eût fait autrement
dans le miroir fidèle les mots se lisent bien
sûr à l'envers   la guerre c'est la paix
(les forts y enfonçant les faibles) la guérison

ce sont les blessures proposées en bien-être   la
    société
ce sont les individus isolés   l'amour est
à son comble avant de naître et ne serait plus
conjugué à la première personne du pluriel
qu'au présent du virtuel

nous sont des autres

III

milltown, skeoghvosteen

pour kerry et séan hardie

une conversation reprise dans le droit fil depuis
un changement d'année siècle millénaire
écrire intimité et pudeur dans la même phrase

peser le présent urgent des mots sœur et frère
habiter non meubler le temps trop court
ouvert sur un présent fleuri

reconnaître qu'à demi-mot vaut toutes les
    emphases
connues et à craindre   oiseaux à chant
polyphonique traditionnel   agneaux et brebis

abeilles dans ce jardin local exotique pour
le voyageur arrivé en lieu sûr comme à
domicile   ici profondeur légère sans fatigue

ni décalage de cœur   santé du partage
les larmes dans la cuisine un trop-plein
harmonique   rebaptisé dans une rivière à

saumons à cygnes à épagneuls à humains
nous nous accordons sur le bonheur des abris
et des paroles offertes reçues décousues dans

le droit fil   tout ce qui n'en est pas
c'est la fin
  ⁂

IV

dublin

> « On dit que le paysage est un état d'esprit, que
> nous voyons le paysage extérieur
> avec notre œil intérieur. »
> José Saramago, *La Caverne*

sans imagination on mise sur la constance
répétition et redondance par intégrité
changer quelques mots ou les changer de

place   ce n'est jamais écrit avant
d'être écrit (jamais d'avance) qui / dieu
sait si jamais ça ne changera de

piste de circuit de traverse
pas besoin d'altérer l'allégeance pour
autant d'épouser ailleurs autre

chose autre cause d'autres yeux
se chercher ailleurs se chercher toujours
puisque ce qui importe est

toujours là   l'ici se déplaçant
à l'occasion sans conséquences majeures
imaginables à présent
⁙

Rassérénade

le jour paresse devant son café
le vert devance le bleu
les nuages cherchent un camion de
déménagement   l'orme bourgeonne
et les rochers gris brillent
grasse matinée
seuls les oiseaux s'affairent

une journée du joli mois de mai
le plus beau   quand les oiseaux font leur nid
et les roches trouvent leur niveau
et qu'on peut se dire nous portes ouvertes
sur les chants bourgeonnants chassant
à nouveau la noirceur   le niveau
d'eau monte   feuillaison   météo
locale d'une carte délurée
la lune s'éclipse dans sa plénitude
nous voilà rassurés à la saison des amours
feuillues   nourritures terrestres tendrement
sorties de terre   solstice en longue-vue
fournaise éteinte   soleil suffisant   chaleur
des débuts vite entamés et juillet
en perspective   journée grise fraîche
la poussée monte de la terre et du ciel
⁂

la roche le bois les mauvaises herbes
le garage du voisin qui monte à force
coups de marteau que ponctuent

les chants du soir
deux garçons jouent aux billes
les chars tonitruent rue mackenzie

soleil et quelques angoisses sur la nuque
corneilles qui se soulèvent criardes
contre les arbres déracinés

(leurs places de choix d'enfants du paradis)
ruisseau sur ta joue droite reflété
dans la fenêtre (joue gauche donc)

le voisin nargue gentiment ma paresse
le calme est particulièrement dense
vu que tout peut s'effriter à la

saison de croissance comme ailleurs
on peut fermer la radio la télé tout
sauf soi et le monde

la vita è bella
belle rebelle hallucinante de plantes
qui se désintéressent de tout :

(corneilles, rouges-gorges, armées, garçons, hard
    rock,
reflet de soleil sur gouttières, casquettes à
l'envers, désinformation à sourires plus
blancs que blancs, la chasse d'eau,
un pic-bois dans le vieux saule,
un quêteux dans la ruelle ghandi,
la scie électrique, un autre enfant meurt de faim,
le dollar monte / descend, on rouvre une
    convention
collective à la baisse, on tire sur des
civils, un porte-parole porte
un bel habit, une belle cravate,
la bible est un programme politique,
les rouges-gorges en canon, un bain
se remplit, une ford 49 passe devant,
le soleil baisse, les voisins rentrent du
balcon, une moto suivie par la police,
une ambulance et les services de
nettoyage secrets, la brise dans la nappe
de nîmes, tes yeux pour l'instant tristes,
la faim du bonheur s'installe pendant
la partie de hockey, c'est pas facile,
je t'aime tant, voilà)

et bientôt les iris
⁂

un ruisseau clair coule sous mon cœur
je braconne des truites fais exploser des grenouilles
rêve aux seins naissants des filles constamment
ravi par les exploits lusvécus   j'aime
mes nouveaux souliers verts je suis trop petit
je m'initie aux joies du tabagisme   j'aime
épeler pas écrire   me lever tôt pas dormir
(car les rêves)   je cille de l'œil gauche
je suis occupé à faire partie du paysage
dans le journal la guerre et les voleurs de
banque m'intéressent   un peu plus lucide je
serais au ras des pâquerettes   je suis très
vif et ne comprends pas grand-chose
je sais que le baseball est important
je me découds en me construisant
✣

aide-mémoire

voyages à la musique flottante
larmes qui inondent une chemise
remplissent un lac à sec
ne rien arracher de terre avant d'en être certain
appeler ma sœur (par amour)
la boîte de recyclage   réduire surtout
laver la dentelle à la main avec soin
où est-elle cette artiste géniale qui
entendait des voix dérangeantes
ma mère a déjà été *une belle jeune femme rieuse*
est devenue une femme heureuse dans la
refloraison de l'âge
réserver billets d'avion   relire joyce
ou doyle   se coucher tôt pour
planter demain   (corneilles pour le réveil)
⁂

ça sent l'humidité ici
les livres suintent d'adjectifs surnuméraires
je suis d'une maigreur infaillible devant
la rhétorique imprenable des annonces
à la queue leu leu
je suis industrieux à ma manière
le ciel défaille
baume bleu quand même au pays des
nuits brèves des rêves parfois allègres
où on transpire au travail et le sourire
a des gouttes qui lui tombent du nez
coucher d'un homme déjà moite
orages isolés prévus
⁙

les prairies flottent et je ne coule plus
avant-jaune d'automne près de sainte-rose-du-lac
je ne suis plus roussi   je ruisselle de contentement
si cela se dit   la musique flotte et nous
avec   de petits moments d'éternité des heures
durant *oh shenandoah you rolling river*
autant de paix tout de suite que dans la *peace*
les prairies coulent devant et je flotte
les mains pleines   le cœur un muscle
aguerri paisible
aide-mémoire : nourriture champs blé
                apporter son eau potable
                ❖

le solstice s'impose par sa force supérieure
tant de jours   la chaleur à l'avenant
et plus encore et quoi encore et toujours

l'été ses fêtards ça fête tard
soleil de nickel les roches grises rosissent
le vert à la veille de manquer de tendreté

les érables et les jeunes s'agitent à la
tombée du jour   champs du possible non
encore clôturés évasions vers les sous-bois

pantelants   l'empreinte du soleil
chaude encore dans la mousse   épais
matelas où dormir

ou pas
❖

j'ai balayé toutes les étoiles tombées dans les
    fleurs du tapis
élimé   ramassé les miettes avec la porte-lumière
d'occasion   frotté les temples dégarnis
une colonne de fumée approche à grande vitesse
une belle vieille grande bibliothèque brûle vite
sans doute asséchée mes yeux me piquent
les planètes veillent peut-être
je ne lis plus les journaux   inquiet
je regarde la radio éteinte
tant les chansons me dérangent
le bassiste contrôle mes battements de cœur
et ça dure   je voudrais m'ancrer
dans un lac à doré près d'une crique à truite
marcher en douceur sous les petits
saules   n'importe quoi puisque c'est
comme ça quand on tire sur tout ce qui
fleurit
    ❖

l'eau rigole sans faille dans la clarté
de ce matin du jeune été   chaleur soleil
et risque de smog   un geai apprend
à voler la mère crie fort   un homme
cherche son chat   quelques rouges-gorges
chantent   papillons et libellules dans le
jardin   jaser un peu avec le voisin de
tout et de rien   se donner une journée
où la verdure suffirait largement

le lac l'été m'a m'ont appelé je ne suis
point sourd à cette musique-là je
je je l'été je je le lac je je le
soir je

un ami c'est un ami un pont
un point   c'est tout

il y a de ces petits moments où momentanément
l'athée vire agnostique et celui-ci bien
vite prêche la bonne nouvelle

pas convaincu ?   checke le lac !

gros plan

vaut mieux vivre l'été même rien
qu'un peu que les fantasmes de l'hiver
qui débridé arrive toujours au galop

si tu penses que le lac la musique l'été
me sont indifférents va te faire voir
loin ailleurs car l'eau coule
indifférente peut-être différente afférente
déférente et douce les arbres alentour
de leurs branches graciles font des gestes gospel
talk to me tell me the truth today tonight
leurs bras verts un baume dans l'air
dans la lumière qui s'en va se faire voir
loin ailleurs alors que je

je je me
secoue le cou le joug l'envoûtement
s'il y avait une ville j'irais
en ville la nuit tombée
chercher le centre si centre il
y avait par la douceur
juillet pas trop souvent je
me livrerais comme de rien comme
je je j'irais là   j'y irais
si j'avais un cœur je le soignerais
si j'avais les ailes d'un ange
je serais sûrement encore ici   si jeunesse
était au rendez-vous les fleurs
faneraient devant mes yeux   les foulerais
au pied   gauche de préférence   dans cette
ville où il fait bon nager bien
plus que vivre longuement je
je le dis de même pis trois petits tours
⁂

ciel dégagé après la pluie   le soleil
dans l'érable à giguère de la voisine
tiens ! c'est la fête d'un grand ami
je l'appellerai tout à l'heure pour le taquiner
ici l'eau coule en douceur je n'entends
pas d'enfants se faire torturer violer enrôler
ici tout près pas de kalach   la voix de ma
grande fille encore dans mes oreilles-cœur
un train passe et ne déraille pas   bonheurs
d'une calme soirée d'été où les nuages
font semblant et le ciel s'amuse avec
trop de pigment
⁂

les geais font aller joyeusement leurs criards
et la musique est triste
ils sont sans doute sans évasion
il reste un peu d'eau sous le fardeau
des nuages stériles   le café attend
ahuri à côté des petits fruits

malgré toute sa bonne volonté la radio demeure
indécise   la rhétorique du mensonge n'est pas
absente des nouvelles
le langage est l'arme la plus efficace de la
propagande politique
la poutre dans l'œil de la secte doctrinaire
pétroligarchique
⁕

cloches d'église train vers l'est eau qui coule
un éphémère s'envole de par terre chute
et tombe   retrouve sa forme ultime
immobilité temporaire

la ficelle qui me retient
est bien plus élastique que visible
ce cahier n'est pas plus un enfer
que les autres

quelques petits fruits au nouveau bouleau
et une envie achigan de beaucoup d'eau douce
ma montre a treize secondes d'avance

été frileux
ou : le vierge incendié
ou : les chiens
ou : perpignan (la gare de) est le
centre du monde dixit dali je pense
ou : tu t'envoles vers toi avec un sourire de
par ici au coin de ta carlingue et
radio sud épouse la page la fenêtre la falaise
(toujours)   ne pas lâcher prise ap
prendre   saisir ce jour (moment dis-je)
carpe momentum : des hardes
plein le placard   marteaux et tournevis
manteaux contre le vide
les jours s'amenuisent
ou : tu rayonnes
comme toutes les images en bouquet
sur une terrasse où on serait
( )

jeter du leste lestement   toucher à ton piano
particulier (passeport en règle)

(comme un impératif biologique)
on pense écrire et on est manuscrit

je reste chez nous sous toute réserve
⁜

l'été achève le jour tombe la lumière
se déplace   constater affirmer quoi de plus
les enfants retournent à l'école   l'été

mort dans l'âme   le commerce roule
sans commentaire   se rassembler
pour partager nos différences reconnues

affichées solides et solidaires   dissidents et
clairs   cibler la dérision gérer la gêne
honnie la honte   maux de cœur et

non mots d'ordre   profitons de tout notre
si peu de temps sur les routes à
vitesse précaire   bien cerner la méfiance

sans en faire un commandement de plus
rejeter parfois l'insolite face au connu
se munir déjà de tout le doré le roussi

des jours qui ne cessent de venir
❖

Fugue en sol occupé

les autos accélèrent en descendant la côte
les boums blastent le rocher noir
léger tremblement des fenêtres
et du fond primaire

la musique cherche et trouve son niveau
❖

sol majeur

un piano familial à sa troisième génération de
   soins

fabriqué à berlin avant bien des horreurs
acheté par un juif errant   toujours immigrant

un piano droit un peu différent   il lui
manque quatre touches comme autant de doigts
d'un résistant   harmonies à travers

les plus grands dérangements d'un grand
siècle innovateur et cruel   un piano à son rond
comme un vin de garde un piano pour des
accords   l'accord des arpèges et des pièges

exigeant pour l'apprenti mais point
un instrument de torture un piano
qui se tient droit qu'on peut croire sur

parole un piano sans rendez-vous manqués
un piano tranquille qui piaffe sous les doigts

agiles un piano qui prône l'entente
cordiale la détente

  un piano de paix
⁙

paix parmi nous   (ciel et terre)

à jacques brault

un ciel de neige dure
pris dans le coucher de soleil en flammes
comme la fin du monde

automne

guerre derrière   guerre devant

des milliers de feuilles   de familles foulées aux
    pieds
sur des milliers de trottoirs
monde ennuagé   averses de froidure
avec risque de cataclysme
mains vides à l'orée du souvenir

mon père rapetisse
sous la terre du village où j'ai grandi

c'est l'heure : onze heures onze minutes
onzième jour du onzième mois
chaque année on se souvient qu'on a déjà
déclaré la paix
on se souvient des nôtres qui
n'ont pu revenir

et des nôtres qui sont revenus
qui n'en sont jamais revenus

et souvenons-nous aussi des autres

guerre derrière   guerre devant

enfant de la guerre
j'ai ciré mes souliers j'arbore un coquelicot
in flanders fields appris à l'école
toujours en mémoire
j'ai une pensée pour mon père et
tous ses frères

guerre derrière   guerre devant

souvenons-nous-en donc
de ces jeunes d'un village de terre-neuve
restés sur une plage à dunkerque
de ces femmes fabriquant
des balles et des bombes dans l'usine où
quelques mois auparavant   leurs maris
assemblaient des machines à laver
des réfrigérateurs

et tous ces enfants qui naissent
auront-ils un père   un mononcle

enfants de la guerre
nous jouions bien sûr aux cow-boys et aux indiens
les indiens bien sûr mangeaient leur claque
et la misère noire
nous jouions bien sûr
à la guerre   les autres perdaient toujours

guerre derrière   guerre devant

mais à présent, pas loin, tout près
on déclare la guerre à un mot
les règlements ont tous changé
proclame-t-on
ce n'est plus « l'enfer, c'est les autres »
c'est
« les terroristes, c'est les autres »
et là c'est l'enfer

guerre derrière   guerre devant

il y en a bien des enfants qui n'ont pas grandi
qui y jouent toujours
la guerre contre la drogue contre la déviance
contre le terrorisme contre le féminisme contre
l'environnementalisme contre la pensée
l'altérité
l'intégrité

au fond du placard de la nuit
la noirceur s'épaissit

guerre derrière   guerre devant   guerre présente

mais même au noir de l'hiver
surtout au plus noir de l'hiver
renouveau il y aura
inéluctablement comme une explosion
un nouveau soleil nous sera donné
un fils   le fils du soleil

le nouvel an   l'enfant de l'autre
inévitablement comme un silence

la famille des ans s'agrandit
innombrable

debout dans la mort
l'espoir jaillit du sombre
renaissance obscure

les enfants sortent de l'ombre
glissent sur la neige patinent
crient et rient

j'écris dans la noirceur qui grisonne
et s'éclaircit   le ciel rougit à l'est
et mon cœur rougeoie

et ça me fait un baume de marcher
dans les pas de tant de poètes
guerriers de la paix

avec soudain l'envie
de piquer dans le bois
pour chanter
à mon tour à tue-tête

un hymne à la terre
⁙

trois cents femmes enlevées séquestrées violées
    tuées
à ciudad juarez en face d'el paso texas usa
aussi jeunes que dix ou douze ans

pour toutes les femmes, ciudad juarez est devenu
l'endroit le plus dangereux du monde.

la solitude la plus esseulée et la plus partagée
tristesse affliction révulsion peine à en perdre
la plus grande moitié de l'humanité
(nom, féminin)
hantée depuis bien longtemps bien avant
les films de hollywood usa diffusés à el paso texas
el condor pasa bien souvent depuis longtemps

www.fresnostatenews.com/2001/December

été de *no world order cloned big brother*
noté avec un stylo jetable plastique sud radio
offert par amitié ou quelque autre vague intérêt

la série noire a donc continué

l'indicible insiste devant les portes fermées
déjoue facilement la serrure de petite fortune
l'indicible est là de toute évidence
pour dévaliser ou simplement laisser ses déchets
(l'indicible pourquoi déjà la peur)

entretenue avec tout le savoir de ceux qui ont voix à ce chapitre.

la solitude la plus esseulée   partagée
  ⁘

lignées de réfugiés sur les chemins encombrés
à pied à contrecœur péniblement vers leur
destination aliénation   fils rompus   boutons
de chemise de braguette jonchent le sol
décombres   solitaires   chemins croisés inverses
les planètes les signes les symboles
la flamme de la mémoire brûle la
mer bleu-vert brûle les neiges de
l'enfance les sous-bois les livres lus
comme autant de péchés mignons   brûle
tout à fahrenheit 451 et plus et quoi encore
⸭

tu es où comme ça parmi cette guerre
sur la terre certes tu bouges te frayes
un chemin à toi   puis moi   ma soif
tu es là parmi les champs de mines   te déplaces
avec cette grâce blessée et parfois bénie
te mettant au monde   les décombres à vue
d'oreille   tes couleurs affichées fanions bannières
bleu mer   un espace clair t'accueille
émerveillé   silence baume soudain au-delà
des grandes fenêtres où les bombes font la
roue la fête malveillantes et efficaces

bombes sur la verte irlande ou le vieil irak
bombes qui tombent sur les exclus et dans la cour
dans la rosée froide et qui brûlent brutes

creusant l'espace la guerre fait la guerre
l'écart les morts l'inerte

s'écroulent reflets de rêves rêvés   on se
terre se tait se déplace pour désarçonner
la statue du roi chevaleresque

tu es là parmi ce fouillis   tu avances
le courage du non-espoir tes yeux ces phares
le long des côtes vulnérables de la
maudite guerre

⁂

la page blanche angoisse contre l'intensité
du toucher   du stylo jetable comme tant d'autres
quelle haine ou tendresse livrer à une musique
dans ce soir qui éclaire
(paradoxe comme tant d'autres)
quel canot quenouille truite mouchetée

chaque vers ou strophe pourrait être expiration
partenaire méconnu de l'inspiration au creux
de la poitrine

comme si on le la les chantait ou presque
à voix haute   à haute voix aux moments saisis

tant de gestes pas faits comme avant
ou plus   (ne pas ou ne plus comme avant)

la respiration des morts vivants entre
par une fenêtre dépourvue de moustiquaire
alors qu'une pièce que j'aime s'apprête à la
    livraison

qu'est-ce que je fais ici   à faire encore ça
alors que tu es tout près au loin
les mots de loin tout près

l'emphase serait-elle enfin une vertu

⁙

à rose, dyane et jo-anne

la résistance contre le fanatisme s'étend
j'ai joué à la balle avec des enfants néophytes
on a tellement ri   j'ai égaré mes lunettes
tu te prépares à déménager   il a fini
par pleuvoir   les adultes ont échangé
propos et sourires de tête et de cœur

une petite fille se découvrait un bras du
tonnerre   j'ai attrapé la flèche de
sa fierté en plein vol   la lui ai
remise en lui décernant la première étoile

nous avons surtout parlé de sujets qui
nous engagent   l'écriture et l'avenir
humains   bien entourés que nous étions

tu t'embellis en t'approfondissant
ta voix dans mon oreille le long de
très longues lignes   la manière dont
ta beauté se fraye un chemin jusque dans

moi   les rides se creusent à force d'
écoute   des fois on peut trop s'en faire
en croyant réfléchir   une ou deux des
balles avec lesquelles on jongle tombent à terre
qu'on saisit au bond

aujourd'hui nous n'avons rien détruit
ni demandé de l'argent pour le reconstruire
  ⁝

liberté quand tu ne nous tiens pas
on paie cher le repas du savoir à peu près

bientôt les rivières couleront vers leur source
et les saumons plancheront vers le salé
le repas du soir à l'aube exécrée
bientôt fermes sans humains ni odeurs ni
renards à la lisière du bois leurs enfants bruyants
et gauches comme on dit

l'empire du mal
l'axe de l'oligarchie
american democracy entre chevrons ou guillemets
depuis quand déjà

*Cette nouvelle « stratégie impériale », comme la
qualifièrent sur-le-champ les principales revues
institutionnelles, fait des États-Unis un « État
révisionniste cherchant à utiliser au maximum ses
avantages momentanés dans le cadre d'un ordre
mondial dont il tient les rênes ».*

noam chomsky vs le fanatisme dans la
maison d'été du magnat des médias
j'écoute une musique rurale et affiche
devant certes peu d'yeux ma non-adhésion
la plus   mûrie

⁘

la lumière s'attendrit comme une amoureuse
aux plus touchants parfums aux
envies d'étreintes   de doux rendez-vous

elle est là   tout près   son sourire
plus poignant encore de cette discrète
tristesse qu'elle masque et affiche

étape parmi d'autres de ses préparatifs
de départ   le billet aller simple dans
son sac à main couleur érable couleur vinaigrier

couleur ruelle transfigurée
elle appelle d'une voix de clarté douloureuse
invite   trop belle et triste de le reconnaître et

déjà elle est plongée dans une lecture envoûtante
retenue auprès de son ouvrage accaparant
préoccupée par elle ne dit trop quoi car

elle est malheureuse elle aime et doit
partir accomplir son destin   au loin

sachant que tu arriveras à peu près
à telle heure   il s'est inquiété pendant
de longues secondes d'ardues minutes
des heures entières (de plomb)
les a vécues dans ses poumons ses poignets
les pires accidents les plus rocambolesques
espérant que les chantiers
de construction routière ferment boutique
vers les dix-neuf heures
chaque battement d'aile d'oiseau
prenant son bain le desséchait
la voiture dans le paysage sur le capot
non, pas ça, non, ça se peut pas, peut pas
tu arrives en retard il t'espérait   pur
miracle miraculeuse tu déploies tes
énergies mets-en avant de te
canter en disant à voix très basse
articulée et convaincue   on se
retrouve demain matin moi aujourd'hui
c'est fait   et c'est ça
⁌

c'est sûr que je peux virer un peu fou parfois
en ton absence à t'attendre   je sais et j'essaie
mais c'est comme ça malgré tout   moi
trouvé et éperdu à la fois   je
nous t'espérons au fil de l'eau
(trains qui brassent en passant pour ailleurs)
(le soleil se couche grandiose et seul)

c'est sûr que je peux vivre un peu
fou parfois à t'espérer le soleil couché
moi parfois sans fil d'ariane   une chance
que ça chante ton retour
⁘

pluie celtique sur pays nordique
sur fond de harpe et bombarde
fraîcheur aux accords médiévaux
mode mineur tristesse majeure
sur roches anciennes où ô
merveille tout pousse et tu es
là tout près de nouveau revenue de loin
et tous mes nuages s'ouvrent et pleurent
la richesse de la croissance de cet été
long comme l'averse l'orage l'éclair

tes yeux imprimés sur ma poitrine au laser
tes vraies mains sur moi en émoi
que toi

ton dos lorsqu'il est chaud
ta chaleur quand il est temps
mon ravissement enfant
le vert et la terre
le bleu tellement clair

portes verrouillées fenêtres ouvertes
l'automne à pleins poumons
s'endormir dans une chanson belle

tu dors dans des draps de petite fortune
accrochés à l'air lourd d'un été pour vrai
je ne connais pas ce lit
jetunous à la nuit tombée
une affaire de foi
les mauvaises herbes profitent (rien de neuf)
tu tousses un peu   te tournes tu me
je sors par la fenêtre veiller sur la corde
à linge   les orteils à l'affût
d'une lune montante au moment
où sa grandeur pèse jaune
dans l'imbalance

lorsque le soir dépose sa gerbe de caresses
au creux de ton épaule où à
demeure je veille
je m'envole vers
là où l'amour
veut
⁎

souvenirs de violences dans la douceur de
    septembre
qui s'insurge   quand de nouveau irons-nous
au bois   quand la rencontre au cœur de
la poitrine   cependant les jambes avancent
comme mues par un désir de cet horizon et
la tête ailleurs est passagère à son insu

ouverture stratégique pour une reprise
de la trêve   la paix illusoire car les passions
se heurtent   mémoire d'avenir à l'espoir
mitigé   aucune averse en vue au bout de ce ciel

lit de rivière défait dans une chambre de
motel quelconque   les préposées à l'entretien
en allées mises à pied clopin-clopant
libres de service   pas de revirement prévu

on ne se rappelle plus l'avenir rêvé   insomnie
au présent continu   anémie même de la détresse

se déplacer dans une direction indéterminée
vers un lieu perdu jusqu'à l'encre

> « *the tree leaves its story behind.* »
> peter von tiesenhausen

et si c'était la pleine lune à l'approche de
    l'équinoxe
récoltes ou grêles mortifères à
l'approche de l'automne et puis après
et si la lumière était crème et miel sauternes
    saturne et mars
fleurs d'oranger pétales de roses et lampes
ambrées dans le calme des criquets

si le vacarme dans le saule l'orme
l'érable à giguère était chose d'après-midi
sous la voûte bleu nuit   et si alors
que pas une feuille ne bruit   et que
ce camion s'arrête dans la ruelle et que cette
ambulance fuit au loin   que l'eau
tant bien que mal coule que l'amour
est au rancart dans un hôpital délabré

écrirais-tu quand même non à l'empire
au recul de la civilisation non aux
superbes qui brandissent les armes de destruction

tout ce qu'il y a de plus massive
ferais-tu la part des choses quand ça
se découd   ton aiguille fondamentale

dans une botte de foin nécessaire
opposer tes missives de paix tout ce qu'il y a
de plus incandescente
⁌

le 11 septembre 2003

j'ai entendu par les branches les oiseaux se gaver
dans le saule le pommetier et la vigne
à l'approche de l'automne du grand
dérangement destination sud

je le leur déconseillerais
(dangers multiples) si j'avais voix au chapitre

me voici armé jusqu'aux doigts d'une fatigue
inépuisable   je tire ma langue sur tout ce qui
bouge et quelques roches particulièrement
     menaçantes
et quand bien même tout me résiste

je rejoins les rangs des terrorisés
     ⁂

octobre-apothéose octobre-
révolution tour de la roue
érables en flammes dans l'air sournoisement
meurtrier   rouge bolchevik et tout l'or
du pérou bientôt disparu enlevé parti
ailleurs sur fond d'aigrettes vert nuit
novembre   les flammes dans l'océan du vent
l'or dans une tour à séville   automne
chandail râteau rentré fermer
portes et fenêtres   cœur et corps   allumer
fournaise   quelque chose doit chauffer

les soldats ont peur comme de raison

les raisins sont cueillis et les enfants
jouent encore dehors octobre flamboyant
puis roussi   les rêves rouillent dans la cuisine
d'été fermée cause décès chaleur

je ne suis pas conscient
pleine lune octobre rose et or dans ma face
en face de moi direction est   bas sur l'horizon
québec j'arrive de l'ouest de la lune on l'aura
saisi au vol (octobre la révolution dans le baseball)
pleine et ronde et grosse et rose et or et récolte
(la lune) et je roule avec tous les détails-texte
habituels   l'écriture au présent l'anecdote
à la ligne suivante futur et passé déjà
ici dans le geste d'être   avec la lune le
volant la vitesse les autres et ce qui surgit

je ne suis pas particulièrement conscient le volant
s'en ressent je n'arriverai jamais   m'en viens
les postes de radio sont fidèles
au poste et si on voit la lune
c'est que la brunante
c'est qu'entre chien et loup
c'est que tous les chats sont gris
et moi avec (encore) rose et or (la lune)
chauffeur gris, char bleu, lune
et cetera

route réelle habitée
encombrée de ton souffle agité   (à bout de)
l'arrivée rêvée   lune octobre qui monte un peu
    dans le
ciel et grisonne   tiens-toi bien   j'arrête

j'arrive   pas sûr   beaucoup de stations ne
    chantent pas
gros plan longtemps grosse lune en couleurs route
à un cheveu de la roche tombale
j'en tremble de repartir encore
(et toujours ?)
   ❖

l'automne à feuilles rembrunies puis parties
direction originelle convenue d'avance
le noir d'avant le gris la grisaille la noirceur
longues journées nocturnes au miroir présent et
déformant   noir prémonitoire   et promesses
de rivière   de vaille que vaille   retrouvailles

les espérer   y croire
vaille que vaille

extrême janvier et le vent éloigne tout
pourrait-on dire   on s'habille chaudement
on frissonne pareil à l'approche de rafales
plus meurtrières encore   des frissons de rage
et de refus   tu partiras au petit matin
je mangerai seul travaillerai moins
ce n'est pas moi le prince vaillant
me perdrai encore dans la musique dans
mes larmes   écrirai tant de lettres dans
ma tête et peut-être des poèmes
tes nouvelles viendront sur le tard
extrêmes palpitations   les autos et les âmes
gelées   trop de gens meurent avant la saint-
valentin malgré le chauffage central
gloire de l'amérique qui exporte production
et destruction
c'est pas pour rien qu'on est frileux
et inquiets   alors que les enfants nous
réclament   à la recherche de notre réelle chaleur
❖

lorsque l'hiver enfin retirera ses armes
meurtrières loin de l'autre côté de nos frontières
quand viendront les longues journées perce-neige
tête nue à la face sud des demeures et que
la volonté des mauvaises herbes nous étonnera
de nouveau qu'on appellera un ami comme ça
par besoin plaisant alors que le soleil entre
par cette fenêtre-là de nouveau pour éclairer
la poussière dans ce coin-là
que le sourire est comme la coupe de cheveux
d'été d'un enfant avide de ce qu'il ne
peut nommer liberté et qu'on se dit les
vraies affaires   oui il fait beau ici itou
et qu'on a des bulles de champagne au coin
des yeux et que les cheveux nous frisent
parce que cette paix encore temporaire
téméraire nous grise   et que quelqu'un chante
how do you stop before it's too late
lorsqu'un petit moment de printemps apparaîtra
❖

si je retourne ma veste c'est pour
coller l'usure à ma peau
une vieille poésie au corps et
à cœur sans concession

Oser l'osier

Oser l'osier lecture et déambulation de Robert Dickson le soir de l'ouverture de l'exposition « Après la lune et avant le soleil » de Sofi Hemon à la Tôlerie de Clermont-Ferrand le 6 avril 2006.

Remerciements
À la Direction de la culture de la ville de Clermont-Ferrand.

Oser l'osier

l'oser
son accueil si humain   tout en souplesse
élancée vivace comme une amitié de longue date
parfois souriant prêt à une conversation soutenue
à une interaction manipuler l'osier
comme on manipule le livre
que l'on ose lire comme on crée
ses propres images des lieux et
des personnages leur interaction
leurs interactions
créer des images avec l'osier

nous sommes quatre dans le lit
debout   quatre   debout dans le lit
de la durance nous venons à la
rencontre de l'osier
l'osier n'en reviendra pas

intervenir dans le cours des choses
de la rivière   cette nécessité urgente
de converser avec la matière
avec la vie avec la matière vivante
avec les rivières par exemple et
ce qui y pousse
comme l'osier

oser   oser l'osier   la conversation
qui transforme   comme une épiphanie
comme la vie quotidienne

où allons-nous à quatre assis
dans cette auto qui nous amène vers un lit
paysages inconnus routes de traverse
rebrousser chemin dans la brousse pour
se retrouver   dans un lit   à transformer

ne pas y dormir   y entrer en transe
pour s'y réveiller   pour y vivre de jour
debout

un lit de rivière vivante un lit vivant
en mouvement
même là où il n'y a pas d'eau vive
par exemple : l'osier
mouvant vivant vert vivace et jaune et rouge
l'osier au fil de l'eau
printemps et automne
en hiver

la durance dans la durée dans la magie
dans la danse
d'un lieu dépouillé   simple et sinueux
mouvant vivant enivrant dans un lit
de rivière dans le lit de cette rivière
bien   debout   avec l'osier

oser l'osier
berceaux   et carrosses de bébés
paniers à pain à semailles à récolte
à graines de fleurs et aux fleurs cueillies
paniers d'avant le plastique percé
paniers millénaires et de demain
paniers à fruits hottes à vendanges
paniers de cérémonie hiératique du
quotidien humain
oser l'osier

fonds de chaise au fond du jardin
fond de cœur   trame et bordure
frontière flottante (espèce amphibie)
vue sur ciel et terre et rivière
mer et montagne   terrain
vague et terrasse
coups d'œil de bras de cœur

debout dans la durée de la durance
et de l'osier   l'oser

l'osier ose vivre buté sur les petites buttes
dans le lit parfois dur de
la rivière de la durance dans
la durée où l'eau rencontre la terre
le bois un air de famille familière
vie fourmillante en mouvement constant
au fil du courant

(ce n'est pas un sot métier
que de travailler l'osier
sans en faire de paniers)

ce bois vivant que tu prends dans
tes bras tes mains   tout comme la rivière
tout comme une rivière

que tu manipules profondément occupée
dans la gravité des métamorphoses
dans la légèreté des muscles
qui se compriment s'étirent
parfois vannés
les doigts conversent avec la matière
vivante   éloquentes paroles
de formes d'images de profondeur
ce travail est un jeu de tout instant
surgi du beau mitan du lit de
la rivière qui dure   qui
s'étire se comprime

sans compromis

Choix de jugements

Abris nocturnes

Ce que veut Dickson, c'est aller au-delà des règles syntaxiques. Ainsi assure-t-il une individualité à son œuvre. / Il aspire à la vérité dépouillée sans ambages. Sa poésie en est une de spiritualité ; elle reste tout de même terre à terre. Son âme et son souffle se traduisent dans une quête quotidienne, parfois anecdotique, mais toujours profonde et sereine.

Pierre Albert, Le Nord

Grand ciel bleu par ici

Dickson met en scène sa « poétique » dans une suite de cinq poèmes sous-titrés « l'air de rien, ce ». [...] La poésie de Dickson est cet air de rien, ce qui constitue sa grandeur, sa vulnérabilité, son chant désacralisé. [...] Chercher une forme : comment existera le poème ? par quel choix esthétique accédera-t-il à lui-même, atteindra-t-il sa plénitude ? – Une plénitude au demeurant problématique chez Dickson puisqu'elle est toujours entravée, rompue, tendue vers un déséquilibre qui constitue justement son équilibre, vers des dérapages contrôlés qui maintiennent la réalité sur le qui-vive.

Robert Yergeau, Tangence

Humains paysages en temps de paix relative

Le prix du Gouverneur général du Canada, l'un des plus convoités, a couronné le recueil du Franco-Ontarien Robert Dickson, *Humains paysages en temps de paix relative* (Prise de parole). Dans ce recueil qui allie la densité d'une réflexion sur le sens de l'existence et la légèreté d'une méditation sur le quotidien, le poète donne la mesure de ses états d'âme et de ses émotions.

Le ton y est volontairement simple et les images collent à l'évidence du propos. Pour cet ancien parolier du défunt groupe Cano, la poésie doit chercher à rendre compte du réel et de ce qui le traverse dans sa complexité. Le vouloir-vivre reste sans doute l'impératif de première ligne, ce avec quoi le poète doit composer.

Roger Chamberland, University of Toronto Quarterly

[...] ce livre que j'avais lu et qui me reste en mémoire avec la pertinence et la présence d'une lettre qu'on m'aurait adressée personnellement est l'un des plus émouvants qu'il m'ait été donné de lire. C'est en vain qu'on y chercherait ces prouesses de la forme qui nous laissent à la fois perplexes et sceptiques ou encore ces énigmes qui nous plongent dans un questionnement dont les bribes nous échappent. Ici se retrouvent la limpidité de l'aveu, le regard désarmant du vécu, la compassion pour le particulier devenu essentiel. Un livre qu'on voudrait faire durer longtemps et dont la fin, comme celle de tous les livres aimés, nous laisse sous le charme d'une certaine nostalgie.

Herménégilde Chiasson, Ellipse

Humains paysages en temps de paix relative frappe par son espèce de bienveillance incisive à l'égard des travers du monde. Il n'y a aucune trace d'indulgence, pourtant, dans cette écriture. Le travail de Dickson ne porte pas tant sur le lexique, d'une grande simplicité, que sur la phrase poétique, faite d'échaînements et de répétitions.

François Paré, Canadian Literature, n° 183

Libertés provisoires

Jamais l'écriture de Dickson n'aura été aussi riche de sa fragmentation, de ses parenthèses et de ses espaces disjonctifs. Si le poète se découd en se construisant, c'est qu'à la manière de Jacques Brault, il cherche à fonder son écriture dans un refus viscéral de l'institution. Toujours se faire voir ailleurs, voilà l'essentiel du déracinement qu'entraîne l'écriture. [...] En mettant en œuvre le « décousu » comme fondement du sens, l'écriture de Dickson n'a jamais été aussi maîtresse de ses moyens et aussi attentive à l'essentiel.

François Paré, *Canadian Literature*, n° 190

Chronologie

1944	• Naît le 23 juillet 1944 à Erin en Ontario.
1965	• Obtient un baccalauréat en langues et littératures modernes de l'Université de Toronto.
1966	• Obtient une maîtrise en langue et littérature françaises de l'Université de Toronto. • Durant un séjour à Paris, il est assistant d'anglais au lycée Paul-Langevin de Suresnes.
1967	• Enseigne l'anglais à temps partiel à Québec. • Il entreprend un doctorat en littérature canadienne-française à l'Université Laval.
1969	• Enseigne à l'Université de Western Ontario, à London.
1970	• Chroniqueur littéraire pour le journal *Le Soleil* pendant deux ans. • Durant la même période, il est professeur d'anglais à l'École du Saint-Rosaire de Beaupré. • Il reçoit une première bourse d'études doctorales du Conseil des arts du Canada, puis une autre en 1971-1972.
1972	• Est embauché comme professeur au Département d'études françaises et de traduction de l'Université Laurentienne. Il enseignera jusqu'en décembre 2004 les littératures québécoise et franco-ontarienne ainsi que la création littéraire.
1973	• Fonde les Éditions Prise de parole avec d'autres jeunes écrivains franco-ontariens.
1974	• Est membre du Conseil d'administration des

	Éditions Prise de parole. Il présidera le Conseil en 1974-1980, 1991-1994 et 1999-2002. Il sera vice-président pour les périodes 1980-1984 et 1994-1999. De plus, il est membre du Comité d'édition des Éditions Prise de parole entre 1974 et 2002.
1975	• Cofonde avec Pierre Germain *La cuisine de la poésie*, spectacles de poésie-musique-performance. • La même année, il devient président de la Coopérative des artistes du Nouvel-Ontario (CANO) et vice-président de son Conseil d'administration. • Il fait partie du comité organisateur de La nuit sur l'étang. • En mai 1975, il suit un stage de formation en cinéma animé par Jacques Fogel de l'Office national du film du Canada. • Il est membre-fondateur et, jusqu'en 1978, membre du comité de direction de Ciné-Nord, une compagnie de production cinématographique basée à Sudbury. • À compter de cette année, et jusqu'en 1992, il effectue différentes tâches bénévoles pour le Northern Lights Festival Boréal.
1976-1977	• Devient éditeur à Prise de parole. • Il obtient une bourse d'écriture du Conseil des arts du Canada.
1977	• Son poème « Au nord de notre vie » obtient un grand succès avec la parution d'un album du même titre du groupe de musique CANO.
1978	• Parution de ses recueils *Or«é»alité* (Prise de parole) et *Une bonne trentaine* (Porcupine's Quill). • Il obtient une bourse d'écriture du Conseil des arts du Canada.
1980	• Est élu à la vice-présidence du Conseil d'administration du Théâtre du Nouvel-Ontario. Il le restera pendant quatre ans.
1984	• Effectue un stage sur le jeu de comédien au cinéma avec Claude Jutra lors du Festival provincial de Théâtre Action à Toronto du 24 au 28 juin. • Du 22 au 29 août, il suit un atelier de clown animé par Marie David à l'École des Beaux-Arts de Montréal.
1986	• Parution d'*Abris nocturnes* (Prise de parole).

1988	• Est comédien principal dans le court-métrage de fiction *Amour de cuisine* réalisé par Stéphane Lestage. Le film remporte le Prix du public au Festival international de film de Chavannes-de-Bogis en Suisse. • Il reçoit une distinction pour services bénévoles de la province de l'Ontario pour ses 15 ans de service aux Éditions Prise de parole.
1990	• Devient membre fondateur et membre du Comité exécutif de l'Alliance culturelle de l'Ontario.
1992	• Dickson joue dans *Mon pays...* Réalisé par Valmont Jobin, ce film documentaire portant sur le poète Patrice Desbiens remporte le prix du « Meilleur portrait d'artiste » au 10e Festival international du film sur l'art de Montréal.
1997	• Parution de *Grand ciel bleu par ici* (Prise de parole). • Dickson participe au film *Le dernier des Franco-Ontariens* de Jean-Marc Larivière en tant que rédacteur et acteur. Le moyen-métrage remporte une mention spéciale du jury au prix « Hot Docs » du Canadian Documentary Film Awards dans la catégorie des films sur la culture.
1998	• Co-organise à Sudbury le premier Forum national sur la situation des arts au Canada français, intitulé « Toutes les photos finissent-elles par se ressembler ? ». Un ouvrage collectif du même titre sera publié l'année suivante, ouvrage dont il assure la codirection avec Annette Ribordy et Micheline Tremblay. • Il reçoit le prix du Nouvel-Ontario pour l'excellence dans les arts et les lettres lors du Gala du 25e anniversaire de La nuit sur l'étang. • Il remporte le troisième prix du Northern Prospects Poetry Contest.
1999	• Devient le premier lauréat du Prix du Centre de recherche en civilisation canadienne-française (CRCCF) de l'Université d'Ottawa pour sa contribution exceptionnelle dans le domaine de la recherche, de la vie artistique et culturelle au Canada français. • Il est codirecteur (avec Stéphane Gauthier)

	de la collection « Poésie » des Éditions Prise de parole jusqu'en 2000 puis en assure la direction seul jusqu'en 2002.
2000	• Reçoit une seconde distinction pour services bénévoles de la province de l'Ontario pour ses 25 ans de service aux Éditions Prise de parole. • Pendant deux ans, il est membre du Conseil d'administration de la Galerie du Nouvel-Ontario.
2002	• Lauréat du prix du Gouverneur général pour *humains paysages en temps de paix relative* (Prise de parole). Il est finaliste au prix du Consulat général de France à Toronto 2002 et au prix Trillium 2003 pour le même ouvrage. • Il est invité d'honneur au Salon du livre de l'Outaouais à Gatineau du 20 au 24 mars. • Il est conseiller dramaturgique du *Projet Turandot* de Marc LeMyre, finaliste au prix « Masque » pour la meilleure production franco-canadienne. • Il traduit en anglais *Trick or Treat* de Jean Marc Dalpé. Le spectacle, dirigé par Fernand Rainville, est finaliste au prix « Masque » de la meilleure production de langue anglaise.
2004	• Président d'honneur au premier Salon du livre du Grand Sudbury.
2005	• Devient Chevalier de la Pléiade de l'Assemblée parlementaire de la francophonie. • Publication de *Libertés provisoires* (Prise de parole).
2006	• Reçoit un doctorat honorifique de l'Université Laurentienne. • Publication d'*Oser l'osier* (Éditions Pororoca), livre d'artiste de Sofi Hémon avec texte de Dickson.
2007	• Décès le 19 mars 2007 à Sudbury.
2008	• Création du prix Robert-Dickson par le Salon du livre du Grand Sudbury, prix qui ne sera remis que cette année-là.

Bibliographie

1. Œuvres de Robert Dickson

1.1 Ouvrages et enregistrements littéraires

Or« é »alité, Sudbury, Prise de parole, 1978, 38 p.
Une bonne trentaine, Erin, Porcupine's Quill, 1978, 48 p.
La cuisine de la poésie présente : Robert Dickson, Sudbury, Prise de parole, coll. « Poésie », 1985, audiocassette.
Abris Nocturnes, Sudbury, Prise de parole, coll. « Poésie », 1986, 51 p.
Avec Sylvie Mainville, *El poder intimo*, audiocassette de poèmes écrits et récités par les auteurs, production et enregistrement de Daniel Bédard, Sudbury, 1993.
Grand ciel bleu par ici, Sudbury, Prise de parole, coll. « Poésie », 1997, 97 p.
Humains paysages en temps de paix relative, Sudbury, Prise de parole, coll. « Poésie », 2002, 60 p.
Libertés provisoires, Sudbury, Prise de parole, 2005, coll. « Poésie », 98 p.
Oser l'osier, livre d'artiste de Sofi Hémon, texte de Robert Dickson, Clermont-Ferrand, Éditions Pororoca, 2006, s.p.

1.2 Textes littéraires publiés en revue, dans des anthologies ou dans des ouvrages collectifs

« 8 septembre 1970 », « Fable », « Blason », « Tiphaine I, II et III », dans *Poèmes sans suite*, Saint-Jean-d'Orléans, Comité organisateur des Fêtes du printemps, 1972, s.p.

Au nord de notre vie, poème-affiche, graphisme de Raymond Simond, Sudbury, Prise de parole, 1975. Le texte est reproduit dans plusieurs périodiques et anthologies : *Ébauches*, n° 6, mai 1976 ; *Poèmes et chansons du Nouvel-Ontario*, Ottawa, Prise de parole, 1982 ; Yolande Grisé (dir.), *Pour se faire un nom*, Montréal, Fides, 1982, p. 248 ; Rachelle Renaud (dir.), *Tout près d'ici*, Sudbury, Prise de parole, 1984 ; et René Dionne (dir.), *Anthologie de la poésie franco-ontarienne : des origines à nos jours*, Sudbury, Prise de parole, 1991.

« Éléments d'un petit savoir personnel », *Boréal (Journal of Northern Ontario Studies = Revue du nord de l'Ontario)*, n° 7, 1977, p. 76-78.

« Maintenant, à l'heure... », *Boréal (Journal of Northern Ontario Studies = Revue du nord de l'Ontario)*, n° 9, 1977, p. 48.

« Bestiaire », dans Yolande Grisé (dir.), *Les yeux en fête*, Montréal, Fides, 1982, p. 146-147.

« La poursuite du monde », « Lorsque mes mains musiciennes » et « Montréal bouillonne », *Poèmes et chansons du Nouvel-Ontario*, Sudbury, Prise de parole, 1982, p. 45-51.

S.t., *Liaison*, n° 25, 1983, p. 13.

« Sur le bord du lac Ramsey », « Poème d'amour patriotique », « J'ai de trois cendriers », *Rauque*, n° 1, 1984, p. 82-84.

« pleine lune... », *Le Journal épais*, vol. I, n° 1, 1990, s.p.

« Hier soir », *Ici et Ailleurs*, Sudbury, Théâtre du Nouvel-Ontario, automne 1990, p. 2.

« Montréal bouillonne », dans Anthony Mollica et Bernadette Larochelle (dir.), *Reflets d'un pays, poèmes et chansons*, Welland, Éditions Soleil, 1990, p. 113-114.

« Au nord de notre vie » et « Va au diable », dans René Dionne (dir.), *Anthologie de la poésie franco-ontarienne : des origines à nos jours*, Sudbury, Prise de parole, 1991, p. 125-126.

« Leçon de fin d'hiver », « C'est un jour de dire je t'aime », « La solitude », « Le départ », *Libéré sur parole*, 24-25 septembre 1993, p. 31-33.

« Toi, aux vues », *LittéRéalité*, vol. VII, n° 1-2, automne 1995, p. 123-124.

« Neuf esquisses en forme de notation », *Liaison*, n° 84, 1995, p. 26.

« Weighty Baggage », « It's Easy (a remembrance) », « An Apartment », « A New Knife », « A Monday Morning », « Going Somewhere », « And Even Earlier », « Breakaway », « Assorted Observations In & Around Sant Carles (with a nod to frank davey) », « Downtown On The Weekend » et « Some Imports In Sant Carles De La Rapita », Roger Narsh (dir.), *Northern Prospects. An Anthology of Northeastern Ontario Poetry*, Sudbury, Your Scrivener Press, 1998, p. 31-41.

« Le 6 août 1998 », *Envol*, n° 26-27, 1999, p. 15-18.

« Sudbury Iron Bridge », poème-affiche, photos de Daisy DeBolt, graphisme de Ken Hankinen, Sudbury, Canned Collective Works, 1978. Affiché dans « Industrial Topographies », exposition, Galerie d'art de Sudbury, été 1999.

« la neige s'empile... », « voyageuses, tes paroles... » et « la clarté s'allonge... », *Palimpseste*, 2000.

« La nuit (du 6-7 oct. 81) porte (le) conseil (qu'elle peut) », *La Traductière*, n° 18, 2000, p. 12.

« Entre nous (poème de paix) », *La Traductière*, n° 18, 2000, p. 13.

« L'intime : mode d'emploi », dans Annie Molin Vasseur (dir.), *Extensions intimes*, Montréal / Sudbury, Les Heures bleues / Prise de parole, 2001, p. 87-89.

« L'illuminé » dans André Perrier (dir.), *Contes sudburois*, Sudbury, Prise de parole, 2001, p. 37-45. Le texte est issu du spectacle *Contes sudburois*, Théâtre du Nouvel-Ontario, du 9 au 13 mars 1999. Il est repris dans la cadre du Salon du livre de l'Outaouais le 25 mars 1999 ; du Festival national « 15 jours de la dramaturgie des régions » au Centre national des Arts d'Ottawa le 15 juin 1999 ; de la soirée « Contes pour une fin de siècle » à la Caverne de Science Nord le 3 décembre 1999 ; d'une émission spéciale à partir des « Contes pour une fin de siècle » le vendredi 7 janvier 2000 ; et dans le disque *Contes pour une fin de siècle*, Prise de parole et CBON / Société Radio-Canada, 2002.

« Pouce coupé », « Sudbury », « Île de Vancouver », « Ottawa, Action de Grâce », « Fredericton, aéroport » et « Robichaud », *Ellipse*, n° 70, automne 2003, p. 62-86.

« Lac Rice », *Ellipse*, n° 70, 2003, p. 88-91.

« la seule musique ici... », *La Traductière*, n° 22, 2004, p. 96.

« Matinale » et « Au nord de notre vie », *Ellipse*, n° 79, 2007, p. 14-17.

S.t., dans Mariana Lafrance (dir.), *La ville invisible. Regards perdus sur Sudbury*, Sudbury, Prise de parole, 2008, p. 120.

1.3 Poèmes en traduction

Boyle, Peter, « night (6-7 Oct. 81) brings (the) advice (it can) », traduction de « La nuit (du 6-7 oct. 81) porte (le) conseil (qu'elle peut) », *La Traductière*, n° 18, 2000, p. 12.

Edwards, Ken, « night (6-7 Oct. 81) brings (what) counsel (it can) », traduction de « La nuit (du 6-7 oct. 81) porte (le) conseil (qu'elle peut) », *La Traductière*, n° 18, 2000, p. 12.

Sanger, Richard, « Entre nous », traduction de « Entre nous (poème de paix) », *La Traductière*, n° 18, 2000, p. 13.

Hardie, Kerry et Solenn Ryan, « Between us », traduction de « Entre nous (poème de paix) », *La Traductière*, n° 18, 2000, p. 13.

Elder, Jo-Anne, « Pouce coupé », « Sudbury », « Vancouver Island », « Ottawa, Thanksgiving », « Airport in Fredericton » et « Robichaud », traductions de « Pouce coupé », « Sudbury », « Île de Vancouver », « Ottawa, Action de Grâce », « Fredericton, aéroport » et « Robichaud », *Ellipse*, n° 70, automne 2003, p. 62-86.

Mikšić, Vanda, *Poezija*, traduction de poèmes de Dickson en croate, Association des écrivains croates, 15 p.

Kaplansky, Jonathan et Patricia Claxton, « Lac Rice », traductions de « Lac Rice », *Ellipse*, n° 70, 2003, p. 88-91.

Andrew, Chris, « the only music here... », traduction de « la seule musique ici... », *La Traductière*, n° 22, 2004, p. 96.

Moure, Erin, « the sole music here... », traduction de « la seule musique ici... », *La Traductière*, n° 22, 2004, p. 96.

Elder, Jo-Anne, « Morning Poem » et « North of our Lives », traductions de « Matinale » et « Au nord de notre vie », *Ellipse*, n° 79, 2007, p. 14-17.

Dickson, Robert, « In the North of our Lives », autotraduction de « Au nord de notre vie », accompagnée d'une transcription de conversation entre Jo-Anne Elder et Robert Dickson au sujet de la traduction du poème, *Ellipse*, n° 79, 2007, p. 14-17.

Elder, Jo-Anne, *Human Presences & Possible Futures: Selected Poems*, traduction de poèmes de Dickson en anglais, Toronto, Guernica Editions, 2013, coll. « Essential Translations Series », 120 p.

1.4 Paroles de chansons

Avec John Doerr, « Moon Lament », chanson enregistrée sur CANO, *Éclipse*, A&M Records of Canada, 1978.

Avec Marcel Aymar et David Burt, « Ça roule... », chanson enregistrée sur CANO, *Éclipse*, A&M Records of Canada, 1978.

Avec Daisy DeBolt, « Burning Rubbers, Burning Feet », chanson enregistrée sur Daisy DeBolt, *Dreams Cost Money*, DeBolt Productions, 1989.

Avec Daisy DeBolt, « Come Hell or High Water », « Sometimes », « Blue Jays Mocking Me » et « Eagle Hill » (avec Daisy DeBolt et Jacob DeBolt), chansons enregistrées sur Daisy DeBolt, *Soulstalking*, DeBolt Productions, 1992.

« Au nord de notre vie » et « Viens suivre » (avec David Burt), chansons enregistrées sur CANO, *Au nord de notre vie*, A&M Records of Canada, 1977. Réédité en disque audionumérique en 1995.

Avec Daisy DeBolt, « Gotta Go Gotta Run », chanson enregistrée sur Daisy DeBolt, *Live Each Day With Soul*, DeBolt Productions, 2001.

Textes d'accompagnement, *Les meilleurs succès de / The Best of CANO*, Universal Records, 20th Century, Masters Series, 2003.

« À la poursuite du Nord (suite) », chanson enregistrée sur le disque *Les meilleurs succès de / The Best of CANO*, Universal Records, 20th Century Masters Series, 2003.

Avec Serge Monette, « Allons danser », chanson enregistrée sur le disque audionumérique *18 roues*, 2003.

Avec L. C. Carrière, Stéphane Paquette et Daniel Bédard, « Le silence est mieux que... », chanson enregistrée sur Stef (Stéphane) Paquette, *L'homme exponentiel – les « singles »*, 2003.

« La mère de toutes les dystopies », chanson enregistrée sur Konflit Dramatik, *Konflit Dramatik*, Tribal Production, 2007.

1.5 Activités de La cuisine de la poésie

Spectacle dans le cadre du Festival des arts populaires de Sudbury,

Université Laurentienne, Sudbury, 15 avril 1975. Avec Robert Dickson, Gaston Tremblay, Denis St-Jules, Jean Lalonde et Robert Lalonde.

Spectacle à La nuit sur l'étang, 15 mai 1975. Avec Robert Dickson, Pierre Germain, Donald Andrews, Catherine Andrews, Paulette Léger, Raymond Simond et Robert Paquette.

Spectacle d'ouverture de La Slague, salle de spectacles franco-ontarienne, Sudbury, 27 et 28 septembre 1975. Avec Robert Dickson et Pierre Germain.

Spectacle au Studio 75, août 1975. Avec Robert Dickson, Pierre Germain, Donald Andrews, Catherine Andrews, Gaston Tremblay, Denis St-Jules et Paulette Léger.

Spectacle *Le banquet de l'avent*, La Slague, Sudbury, 6 décembre 1975. Avec Robert Dickson, Pierre Germain, Gaston Tremblay, Denis St-Jules, Paulette Léger, Danielle Tremblay, Paulette Lévesque, Joan Kuyek, André Paiement, Marcel Aymar et David Burt.

Spectacle à La nuit sur l'étang, auditorium de l'École des sciences de l'éducation, Université Laurentienne, Sudbury, 5 mars 1976. Avec Robert Dickson, Pierre Germain, Damon Dowbak, Daisy DeBolt et Bill Usher.

Spectacle de la Saint-Jean-Baptiste, La Slague, Sudbury, 24 juin 1976. La cuisine de la poésie avec le groupe musical CANO.

Spectacle public, auditorium de l'École des sciences de l'éducation, Université Laurentienne, Sudbury, 10 décembre 1976. Avec Robert Dickson, Pierre Germain et Christian Lussier.

Poète, spectacle public, Festival provincial de Théâtre Action, Hearst, 3 juillet 1977.

Poète invité, ouverture officielle du Centre civique, Sudbury, 24 septembre 1977. Avec Pierre Germain.

Spectacle collectif *An Evening in the Evermists*, auditorium du Collège Cambrian, Sudbury, 17 février 1978. Avec Sharron P. Whidden (poète), Richard Bradley (guitare classique) et Daniel Bédard et musiciens (opéra-rock).

Participation au Laid-back Layoff Concert, Mine-Mill Hall, Sudbury, 19 février 1978. Avec Paul Dunn, Rodney Brown & Dowbak, Daisy DeBolt et Jocko Chartrand.

Participation à La nuit sur l'étang, auditorium Fraser, Université Laurentienne, Sudbury, 3 mars 1978. Avec Pierre Germain.

Animation, atelier de création La cuisine de la poésie, Festival régional de Théâtre Action, Galerie du Nouvel-Ontario, Sudbury, couronné par un spectacle public, 17 mars 1978. Avec Pierre Germain.

Spectacle, Centre culturel La Ronde, Timmins, 20 avril 1978. Avec Pierre Germain.

Festival Franco-ontarien, Ottawa, 3 juin 1978, spectacle radiodiffusé sur le réseau de Radio-Canada. Avec Robert Dickson, Pierre Germain, Damon Dowbak, Ti-Guy Devos, Daisy DeBolt, Robert Paquette, Garolou et Syncope.

Spectacle public, Festival provincial de Théâtre Action, Sturgeon Falls, 26 juin 1978. Avec la participation de Robert Dickson, Pierre Germain, Robert Pariseau et Jacques Pariseau.

Concert-spectacle public, Northern Lights Festival Boréal, Sudbury, 14 juillet 1978. Avec Pierre Germain.

Concert-spectacle pour patients, Sudbury, Hôpital Laurentien, 25 octobre 1978. Avec Pierre Germain.

Récital de La cuisine de la poésie, Association des étudiants francophones, L'Entre-Deux de l'Université Laurentienne, 21 novembre 1979. Avec Pierre Germain.

Participation à l'écran, avec Pierre Germain (La cuisine de la poésie), film documentaire *Plus de poupées que de camions*, réalisé par les étudiants du cours FRAN 1741, « Chemins nouveaux de la culture au Canada français », sous la direction d'André Girouard, mars 1979.

Récital collectif de poètes franco-ontariens, Sudbury, Galerie du Nouvel-Ontario, 22 juin 1979. Avec la participation de Robert Dickson, Pierre Germain, Gaston Tremblay, Jocelyne Villeneuve, Alexandre Amprimoz, Andrée Lacelle, Marc-André Paquette, Richard Casavant et Patrice Desbiens.

Spectacle dans le cadre du Gala de la 20ᵉ Nuit sur l'étang, Sudbury, 5 mars 1993. Textes et voix de Robert Dickson et Sylvie Mainville, musique électro-acoustique de Daniel Bédard, flûte traversière de Pierre Germain.

Concepteur, réalisateur et participant, « La cuisine de la poésie », Ottawa International Writers Festival international d'écrivains d'Ottawa, La Nouvelle Scène, Ottawa, 7 septembre 2001. Spectacle réunissant les poètes Michel Dallaire, Robert Dickson,

Sylvie Mainville, Pierre Raphaël Pelletier, Stefan Psenak et Danièle Vallée et les musiciens Dominique Saint-Pierre, Olivier Fairfield et Jean Cloutier.

1.6 Participation à des projets théâtraux et cinématographique

Comédien et adjoint à la réalisation, *Fignolage*, court-métrage fiction réalisé par Diane Dauphinais, noir et blanc, production de l'Office national du film / Régionalisation Ontario, été 1975.

Poète, comédien et coscénariste, *Le rêve de...*, court-métrage fiction réalisé par Cédéric Michaud, noir et blanc, production de l'Office national du film / Régionalisation Ontario, été 1976.

Participation à l'écran, *CANO, Notes sur une expérience collective*, long-métrage documentaire réalisé par Jacques Ménard, Office national du film / Régionalisation Ontario, 1979.

Participation à l'écran, film documentaire *Les mots dits*, tourné à l'occasion d'un récital collectif de poésie dans le cadre du Festival provincial de Théâtre Action, réalisé par Valmont Jobin, spectacle et tournage 1er juillet 1981, télédiffusions à TVOntario le 25 avril et le 2 mai 1982.

Participation à l'écran au film *Appartenance*, documentaire sur le Festival Théâtre Action, réalisé par Michel Macina, 1983.

Comédien principal (avec Hélène Bernier), *Amour de cuisine*, film court-métrage fiction, réalisé par Stéphane Lestage, tournage en novembre 1984, Aylmer.

Comédien au théâtre, *Tourist Room: No Vacancy* d'Yves-Gérard Benoît, avec Jean Marc Dalpé, Robert Dickson et Jean Fugère. Lecture dirigée mise en scène par Brigitte Haentjens, production du Théâtre du Nouvel-Ontario. Représentations publiques : Théâtre du Nouvel-Ontario, Sudbury, 20 juin 1986; Maison du Citoyen, Hull, 21 juin 1986.

Comédien, *L'Amour à Pékin*, court-métrage docudrame, Centre ontarois de l'ONF, nombreuses diffusions à TVO La Chaîne française, 1986.

Participation à l'écran (comédien, danseur), vidéoclip *Caught Between a Rock and a Hard Place*, DeBolt Productions, Sudbury, tournage du 14 au 16 décembre 1986.

Narrateur à l'écran, *Histoire minière de Sudbury*, film documentaire multimédia, Science Nord, réalisé par David Lickley, Sudbury, juillet 1988.

Recherchiste et adjoint au scénario, *L'homme photographié (Cobalt 1903-1920)*, scénario de Robert Monderie, production Office national du film / Régionalisation / Ontario, mai-août 1988.

Poésie-clip « Le pirate de l'air » (extrait de *Abris nocturnes*), lu par l'auteur, accompagnement musical Daisy DeBolt, tourné dans la série « 3 minutes de poésie », réalisation de Christian Passvello, projet pilote pour « La 7 », nouvelle chaîne de télévision culturelle française, tourné à Sant Carles de la Ràpita, Espagne, 3 mai 1989.

Comédien, *Mon pays...*, film documentaire sur le poète franco-ontarien Patrice Desbiens, réalisation de Valmont Jobin, production de l'Office national du film du Canada et des Productions Aquila, diffusé durant la saison 1991-1992 à la Chaîne française de TVOntario.

Poésie-clip, *Sur le bord*, de Jean Marc Larivière, à partir du poème « Sur le bord du lac Ramsey » (extrait d'*Abris nocturnes*), images, musique et montage de Jean Marc Larivière, texte et voix de Robert Dickson, diffusé à La Chaîne française de TVOntario à l'émission « Panorama » le 24 septembre 1993.

Auteur, *Toi, aux vues*, film court métrage expérimental d'après le poème éponyme de Robert Dickson (extrait de *Grand ciel bleu par ici*) réalisé par Lorian Bélanger, Jean-Sébastien Busque, Yves Simard et Jeff Tranchemontagne, tournage à l'automne 1996.

Comédien et poète (texte et rôle de « L'exécuteur testamentaire »), dans *Le dernier des Franco-ontariens*, réalisé par Jean Marc Larivière, texte de Robert Dickson en collaboration avec Jean Marc Larivière, docufiction, moyen-métrage, production de l'Office national du film et de Nunacom, première au Cinéfest de Sudbury le 15 septembre 1996, diffusion TFO à l'automne 1996.

Participant au tournage de *Ninety Minutes For Art's Sake*, long-métrage documentaire, réalisation de Leuten Rojas, août 1998.

Conseiller dramaturgique auprès de Marc LeMyre, *Le projet Turandot* (juillet 2000-avril 2001), théâtre La Catapulte, Ottawa, création présentée à La Nouvelle Scène, Centre de théâtre, Ottawa, 18-28 avril 2001.

« L'amour fou » et « l'air de rien, ce... », *Poésie-clips*, TFO, dans le cadre de la série *Sortie de secours*, réalisé par Boris Rodriguez et produit par Monika Mérinat, tournage en mars 2002, télédiffusion en avril 2002.

Acteur (rôle de Jim), *Exile from the Sun*, scénario et direction de Michael Poitevin, fiction, 35 mm couleur, tourné à Portland, 14-15 juillet 2002.

Interprète dans *Le Québec vu par*, produit par Productions Thalie, avec la collaboration de Télé-Québec, Yves Fortin, Luc Bourdon, André Mailly, Télé-Québec, Productions Thalie *et al.*, Montréal, Synercom Téléproductions inc., CinéFête, coll. « Francophonies d'Amérique », 2004.

1.7 Traductions

CANO, *Tous dans l'même bateau*, Disques A & M, 1976, traduction des paroles de chansons (vers l'anglais et vers le français).

CANO, *Au nord de notre vie*, Disques A & M, 1977, traduction des paroles de chansons (vers l'anglais et vers le français).

CANO, *Éclipse*, Disques A & M, 1978, traduction des paroles de chansons (vers l'anglais et vers le français).

Caron, Catherine, Brigitte Haentjens et Sylvie Trudel, *Strip* [titre original : *Strip*], présenté au Theatre 2000, Ottawa, du 28 octobre au 27 novembre 1982, mise en scène de Gilles Provost ; et au Théâtre du P'tit Bonheur, Toronto, 28 février au 25 mars 1984, mise en scène de Gilles Provost.

Avec Jean Marc Larivière, sous-titres anglais pour le long-métrage *Révolutions, d'ébats amoureux, douloureux, éperdus...*, réalisé par Jean Marc Larivière, présenté dans la série « Perspectives canadiennes », Festival of Festivals, Toronto, septembre 1984.

Dalpé, Jean Marc, *In The Ring* [titre original : *Eddy*], « Quebec Voices Translation Festival », Stratford Film Festival, 29 mars 1994, mise en scène de Michel Monty. Festival coordonné par Michael Devine de Playwrights' Workshop Montreal. La pièce est reprise pour la saison complète (juin, juillet et août 1994), mise en scène de Richard Rose. Texte repris dans *CTR (Canadian Theatre Review)*, n° 84, automne 1995, p. 40-81

Dalpé, Jean Marc, *Lucky Lady* [titre original: *Lucky Lady*], Playwrights' Workshop, Montréal, avec la participation de Michael Springate, Artistic Director, Factory Theatre, Toronto, novembre 1995. Lecture publique au Factory Theatre de Toronto, mise en scène de Michel Nadeau dans le cadre du Festival Interact, Centre des auteurs dramatiques (Montréal) et Factory Theatre (Toronto), 19 janvier 1996. Traduction commandée par Pink Ink et Ruby Slippers dans le cadre d'une représentation au 3rd Annual Acts of Passion Festival, Studio 16, Vancouver, 25 au 30 novembre 1996. Représentations à la Great Canadian Theatre Company, mise en scène de Micheline Chevrier, Ottawa, 30 avril au 17 mai 1997.

Tostevin, Lola Lemire, *Kaki* [titre original: *Frog Moon*], Sudbury, Prise de parole, 1997, 247 p.

Sainte-Marie, Buffy, traduction française des paroles de « Love Lift Us Up Where We Belong », Canada Day Special, CBC-TV, National Network, 1er juillet 1998.

Dalpé, Jean Marc, *Trick or Treat* [titre original: *Trick or Treat*], présentée dans le cadre de Acts of Passion Festival (« Québec works in translation »), Chan Theatre, University of British Columbia, mise en scène de Diane Brown, 5 novembre 1999. Lecture publique à Vancouver le 26 novembre 1999. Pièce reprise au Centaur Theatre, Montréal, 24 avril au 3 juin 2001, mise en scène de Fernand Rainville, et au Factory Theatre, Toronto, octobre-novembre 2001, mise en scène de Ken Gass.

Boyle, Peter, « Maison et déménagements » [titre original: « Moving House »]; Conn, Stewart, « Résident » [titre original: « Resident »]; Edwards, Ken, « Salle d'opérations », [titre original: « Incident Room »]; Hardie, Kerry, « La météo, ici même » [titre original: « The Localness of Weather »]; Hinsey, Ellen, « L'approche de la guerre » [titre original: « The Approach of War »] et « Parabole des amants » [titre original: « Parable of the Lovers »]; et Sanger, Richard, « Madonna du Nouveau Monde », [titre original: « Madonna of the New World »], *La Traductière*, n° 18, Paris, 2000, p. 8-30.

Andrews, Chris, « Orages isolés prévus », [titre original: « Isolated Thunderstorms Developing »], *La Traductière*, n° 22, 2004, p. 92.

Blodgett, E.D., « Palingénèse » [titre original: « Palingenesis »], *La*

Traductière, n° 22, 2004, p. 95.

Moure, Erin, « Document 51 (les actes) » [titre original : « Document 51 (the acts) », *La Traductière*, n° 22, 2004, p. 101.

Mulford, Wendy, « Et soudainement... » [titre original : « & suddenly... », *La Traductière*, n° 22, 2004, p. 103.

Highway, Tomson, *Champion et Ooneemeetoo* [titre original : *Kiss of the Fur Queen*], Sudbury, Prise de parole, 2004, 353 p.

1.8 Critique littéraire et culturelle

« Le Marquis de la littérature », *Presqu'Amérique*, vol. I, n° 2, novembre 1971, p. 19-20.

Avec Jacques Blais et Jacques Cotnam (dir.), *Vivre au Québec*, Toronto, McClelland & Stewart, 1972, 111 p.

« Gaston Miron et le bilinguisme : "le choc permanent d'une dévalorisation culturelle" », *Revue de l'Université Laurentienne = Laurentian University Review*, vol. VI, n° 2, février 1974, p. 11-18.

Texte de présentation dans Edouard Apanaskewski, Robert Dickson *et al.*, *Au nord du silence*, recueil de 8 poètes franco-ontariens, Sudbury, Prise de parole, 1975, s.p.

« Prise de parole, une maison qui n'existe pas », catalogue des publications, Sudbury, Prise de parole, 1975, un feuillet, 4 volets recto verso.

« Prise de parole », suivi d'une sélection de poèmes de Patrice Desbiens, Gaston Tremblay, Guy Lizotte et Robert Dickson, *Mooskek Reader*, numéro spécial de la revue *Black Moss*, vol. II, n° 4, printemps 1978, p. 47-62.

« Pierre et le Papillon. Un disque qui descend du ciel », *Liaison*, n° 26, 1983, p. 29-30.

« En guise d'introduction / A Word of Introduction », préface à Patrice Desbiens, *L'homme invisible / The Invisible Man*, Sudbury / Moonbeam, Prise de parole / Penumbra Press, 1981, repris dans *L'homme invisible / The Invisible Man*, suivi de *Les Cascadeurs de l'amour*, Sudbury, Prise de parole, 1997, p. 6-9.

« L'espace à créer et l'espace qui reste », *Revue du Nouvel-Ontario*, n° 4, 1982, p. 45-80.

Avec Gaston Tremblay, « Présentation », introduction à *Poèmes et chansons du Nouvel-Ontario*, Sudbury, Prise de parole, 1982, p. 5.

« Lavalléville, ou la folie telle qu'appliquée au théâtre de la vie », dans André Paiement, *Lavalléville, comédie musicale franco-ontarienne*, Sudbury, Prise de parole, coll. « Théâtre », 1983, vol. III, p. 86-91.

« *Sudbury* de Patrice Desbiens », *Revue du Nouvel-Ontario*, n° 5, 1983, p. 163-165.

« Une décennie d'essor culturel en Nouvel-Ontario », dans Bernard Andrès *et al.* (dir.), *Héritage francophone en Amérique du Nord*, Québec, Québec français, 1984, p. 117-127.

« *Symptômes* et *Un peu plus d'ombre au dos de la falaise* de Gilbert Langevin », *Dictionnaire des œuvres littéraires du Québec*, tome 4, Montréal, Fides, 1984, p. 846-847.

Avec David Mills, « Born to Rock: the origins of rock 'n roll in Canada », *Horizon Canada*, vol. X, n° 3, 1984, p. 2654-2659.

« Autre, ailleurs et dépossédé. L'œuvre poétique de Patrice Desbiens », *Revue de l'Université d'Ottawa*, vol. LVI, n° 3, juillet-septembre 1986, p. 19-34. [Texte reproduit dans Jules Tessier et Pierre-Louis Vaillancourt (dir.), *Les autres littératures d'expression française en Amérique du Nord*, Ottawa, Éditions de l'Université d'Ottawa, coll. « Cahiers de recherche en civilisation canadienne-française », 1987, p. 19-34.]

« Of books and men : Ti-Jean, Patrice, Robert et les autres », *Liaison*, n° 44, septembre 1987, p. 5-6.

« Le "politically correct" dépend de qui a le pouvoir de définir », *Liaison*, n° 74, 1993, p. 30.

« Les littératures de l'exiguïté », *Revue du Nouvel-Ontario*, n° 15, 1993, p. 173-176.

« La traduction théâtrale en Ontario français », *Cahiers de théâtre Jeu*, n° 73, 1994, p. 60-66.

« *Avant-serrure*, recueil de poésies de Louis Jacob », dans *Dictionnaire des œuvres littéraires du Québec*, tome 6, Montréal, Fides, 1994, p. 63-64.

« *L'équation sensible*, recueil de poésies de Denys Néron », dans *Dictionnaire des œuvres littéraires du Québec*, tome 6, Montréal, Fides, 1994, p. 302.

« *Femme*, recueil de poésies de Gaston Tremblay », dans *Dictionnaire des œuvres littéraires du Québec*, tome 6, Montréal, Fides, 1994, p. 328-329.

« Le théâtre à vol d'oiseau », *Nuit Blanche*, hiver 1995-1996, n° 62, p. 68-71.

« Soyons modestes... Du moins avec nos impôts », *Liaison*, n° 96, 1998, p. 49.

Avec Annette Ribordy et Micheline Tremblay (dir.), *Toutes les photos finissent-elles par se ressembler?*, Sudbury, Prise de parole, coll. « Institut franco-ontarien », 1999, 387 p.

« La "révolution culturelle" en Nouvel-Ontario et le Québec. Opération Ressources et conséquences », dans Andrée Fortin (dir.), *Produire la culture, produire l'identité?*, Sainte-Foy, Presses de l'Université Laval, coll. « Culture française d'Amérique », 2000, p. 183-202.

« Moi e(s)t l'autre : quelques représentations de mutation identitaire en littérature franco-ontarienne », *Francophonies d'Amérique*, n° 11, 2001, p. 77-90.

Avec Denise Truax, « Dalpé en photos et en mots », *Liaison*, n° 110, printemps 2001, p. 11.

Avec Sarah Courchesne, « Jean-Marc Dalpé reçoit un doctorat honorifique », *L'Orignal déchaîné*, vol. XVI, n° 1, 26 septembre 2002, p. 8.

« Portrait d'auteur : Jean Marc Dalpé », *Francophonies d'Amérique*, n° 15, 2003, p. 95-107.

Texte de présentation pour le disque *CANO, Les grands succès / The Best of*, Universal Records, 20th Century Masters Series, 2003.

« "Les cris et les crisse !" : relecture d'une certaine poésie identitaire franco-ontarienne », dans Lucie Hotte et Johanne Melançon (dir.), *Thèmes et variations. Regards sur la littérature franco-ontarienne*, Sudbury, Prise de parole, 2005, p. 182-202.

« Le tour du monde de Jean Marc Dalpé en 20 minutes », dans

Stéphanie Nutting et François Paré, *Jean Marc Dalpé. Ouvrier d'un dire*, Sudbury, Prise de parole, 2007, p. 282-292.

2. Réception critique de Robert Dickson

2.1 Ouvrages de référence

S.A., « Robert Dickson », dans *Répertoire des écrivains franco-ontariens*, Sudbury, Prise de parole, 1987, p. 37-38.

S.A., « Dickson, Robert », dans Charles Dufresne, Jacques Grimard, André Lapierre, Pierre Savard et Gaétan Vallières (dir.), *Dictionnaire de l'Amérique française. Francophonie nord-américaine hors Québec*, Ottawa, Presses de l'Université d'Ottawa, 1988, p. 120.

S.A., « Dickson, Robert Eugène », dans Réginald Hamel, John Hare et Paul Wyczynski (dir.), *Dictionnaire des auteurs de langue française en Amérique du Nord*, Montréal, Éditions Fides, 1989, p. 420-421.

Paré, François, « *Abris nocturnes* », dans Gaétan Gervais et Jean-Pierre Pichette (dir.), *Dictionnaire des écrits de l'Ontario français (1613-1993)*, Ottawa, Presses de l'Université d'Ottawa, 2010, p. 1.

Paré, François, « *Or« é »alité* », dans Gaétan Gervais et Jean-Pierre Pichette (dir.), *Dictionnaire des écrits de l'Ontario français (1613-1993)*, Ottawa, Presses de l'Université d'Ottawa, 2010, p. 614-615.

Paré, François, « *Une bonne trentaine* », dans Gaétan Gervais et Jean-Pierre Pichette (dir.), *Dictionnaire des écrits de l'Ontario français (1613-1993)*, Ottawa, Presses de l'Université d'Ottawa, 2010, p. 875.

2.2 Publications savantes

Beaulieu, Michel, « Quelques poètes d'outre-frontières », *Le livre d'ici*, vol. IV, n° 24, 30 mai 1979, p. 1.

Bélanger, Louis, « Une symphonie concertante : la jeune poésie franco-ontarienne (1970-2000) », dans Jacques Paquin (dir.), *Nouveaux territoires de la poésie francophone au Canada. 1970-2000*, Ottawa, Presses de l'Université d'Ottawa, coll. « Archives des lettres canadiennes », 2012, p. 205-231.

Cook, Margaret Michèle, « La poésie : entre l'être et le pays », *Nuit blanche*, n° 62, p. 58-63.

Delic, Émir, « Mondialisation, minoritarité et conscience altéritaire », dans Sophie Croisy (dir.), *Globalization and Minority Cultures. The Role of "Minor" Cultural Groups in Shaping our Global Future*, Leyde, Brill | Nijhoff, 2014, p. 31-54.

Gagnon, Daniel, « Figures de l'auto-traducteur dans le contexte canadien-québécois », *Romanica Wratislaviensia*, vol. LIX, n° 3389, 2012, p. 237-246.

Hotte, Lucie, « La littérature franco-ontarienne », *Québec français*, n° 154, 2009, p. 69-72.

Hotte, Lucie, « La mémoire des lieux et l'identité collective en littérature franco-ontarienne », dans Anne Gilbert et Michel Bock (dir.), *Entre lieux et mémoire. L'inscription de la francophonie canadienne dans la durée*, Ottawa, Presses de l'Université d'Ottawa, 2009, p. 337-367.

Hotte, Lucie, « Entre l'esthétique et l'identité : la création en contexte minoritaire », dans Joseph-Yvon Thériault, Anne Gilbert et Linda Cardinal (dir.), *L'espace francophone en milieu minoritaire au Canada. Nouveaux enjeux, nouvelles mobilisations*, Montréal, Fides, 2008, p. 319-350.

Hotte, Lucie, « Canada français. La littérature à l'ouest du Québec », dans Aurélien Boivin et Bruno Dufour (dir.), *Les identités francophones*, Québec, Publications Québec français, 2008, p. 121-141.

Karch, Pierre, « Une bonne vingtaine : portrait inachevé de Robert Dickson (1978-1998) », dans Robert Dickson, Annette Ribordy et Micheline Tremblay (dir.), *Toutes les photos finissent-elles par se ressembler ? Situation des arts au Canada français*, Sudbury, Institut franco-ontarien / Prise de parole, 1999, p. 230-242.

Kirouac Massicotte, Isabelle, « Des mines littéraires : étude chronotopique de l'imaginaire minier dans les littératures abitibienne et franco-ontarienne », Université d'Ottawa, thèse de doctorat, 2016, 298 p.

Lebel, Marie, « Prises de paroles et modes de l'engagement intellectuel dans le Nouvel-Ontario (1970-1995) », Université Laval, thèse de doctorat, 2010, 494 p.

Mangada, Beatriz, « Tradiciones literarias franco-canadienses : el caso de Ontario », *Anales de Filología Francesa*, n° 20, 2012, p. 155-172.

Melançon, Johanne, « Une ville régionale, ouvrière et mythique : représentations de Sudbury dans la poésie franco-ontarienne », dans Anne-Yvonne Julien (dir.), avec la collaboration d'André Magord, *Littératures québécoise et acadienne contemporaines. Au prisme de la ville*, Rennes, Presses universitaires de Rennes, coll. « Plurial », 2014, p. 151-164.

Melançon, Johanne, « Le salut de l'arrière-pays : contes et légendes du Nord de l'Ontario », dans Normand Renaud, *Le salut de l'arrière-pays. Figures légendaires, récits imaginaires et humour crucifère du Nord de l'Ontario*, Sudbury, Prise de parole, 2010, p. 7-13.

Melançon, Johanne, « Contre-culture et minorité linguistique et culturelle : le cas de l'Ontario français (1970-1980) », *Études canadiennes*, vol. LXX, 2011, p. 73-89.

Nepveu, Pierre, « L'océan Amérique : notes sur un archipel identitaire », dans Lélia L. M. Young (dir.), *Langages poétiques et poésie francophone en Amérique du Nord*, Québec, Presses de l'Université Laval, 2009, p. 17-30.

O'Neill-Karch, Mariel, *Théâtre franco-ontarien. Espaces ludiques*, Vanier, L'Interligne, 1992, 190 p.

Paré, François, *Les littératures de l'exiguïté*, Hearst, Le Nordir, 1992, 175 p.

Paré, François, « La normalisation du corpus littéraire franco-ontarien », dans Ali Reguigui et Hédi Bouraoui (dir.), *La littérature franco-ontarienne : état des lieux*, Sudbury, Université Laurentienne, 2000, p. 111-124.

Paré, François, « La normalisation du corpus littéraire franco-ontarien », dans Ali Reguigui et Hédi Bouraoui (dir.), *Perspectives sur la littérature franco-ontarienne*, Sudbury, Prise de parole, 2007, p. 91-105.

Paré, François, « Esthétique du slam et de la poésie orale dans la région frontalière de Gatineau-Ottawa », *Voix et Images*, vol. XL, n° 2 (119), hiver 2015, p. 89-103.

Paré, François, « La poésie franco-ontarienne », dans Lucie Hotte et Johanne Melançon (dir.), *Introduction à la littérature franco-ontarienne*, Sudbury, Prise de parole, coll. « Agora », 2010, p. 113-152.

Paré, François, « Poésie des transfuges linguistiques : lecture de Robert Dickson, Margaret Michèle Cook et nathalie stephens », dans Lucie Hotte (dir.), *La littérature franco-ontarienne : voies nouvelles, nouvelles voix*, Ottawa, Le Nordir, 2002, p. 129-151.

Paré, François, « Robert Dickson : traduire l'invisibilité de l'autre », dans Agnès Whitfield (dir.), *Le métier du double. Portraits de traductrices et de traducteurs littéraires*, 2003, Montréal, Fides, coll. « Nouvelles études québécoises », 2005, p. 341-359.

Renaud, Normand, « 20 ans de création à Sudbury », *Liaison*, n° 69, novembre 1992, p. 19-33.

Sinclair, Carolyn, « "Aller vers l'autre voyager vers soi". Poésie et identité dans l'œuvre de Robert Dickson », Sudbury, Université Laurentienne, thèse de maîtrise, 2003, 108 p.

Sinclair, Carolyn, « "Aller vers l'autre voyager vers soi". Aspects de la quête identitaire dans la poésie de Robert Dickson », *Revue du Nouvel-Ontario*, n° 29, 2004, p. 67-99.

Tremblay, Gaston, *L'écho de nos voix*, Sudbury, Prise de parole, 2003, 99 p.

Tremblay, Gaston, « La littérature du vacuum : la genèse de la littérature "franco-ontarienne" », Montréal, Université du Québec à Montréal, thèse de doctorat, 2014, 373 p.

Tremblay, Gaston, *La littérature du vacuum. Genèse de la littérature franco-ontarienne*, Ottawa, Éditions David, coll. « Voix savantes », 2016, 418 p.

Villemaire, Jules et Marc Haentjens, *Une génération en scène*, Sudbury, Prise de parole, en collaboration avec le Centre franco-ontarien de ressources pédagogiques, 1992, 138 p.

Winspur, Steven, « L'emploi de la syncope par Robert Dickson et Hervé Carn », *L'esprit créateur*, vol. XLIX, n° 2, été 2009, p. 77-89.

Yergeau, Robert, « Postures scripturaires, impostures identitaires », *Tangence*, n° 56, décembre 1997, p. 9-25.

2.3 Comptes rendus

S.A., « Robert Dickson » (sur *Abris Nocturnes*), *Le Voyageur*, 4 février 1987, p. 17.

S.A., « Nouvelles parutions : Contes sudburois, sous la direction de André Perrier », *La Presse*, 3 juin 2001, p. B4.

Albert, Pierre, « *Abris nocturnes* ou l'âme franco-ontarienne », *Le Nord*, 25 novembre 1987, s.p.

Andersen, Marguerite, compte rendu de *Kaki* de Lola Lemire Tostevin, *Trois*, Laval, 1999, s. p.

Barrière, Caroline, « Contes urbains. La parole à l'honneur », *Le Droit*, 25 mars 1999, p. 40.

Barrière, Caroline, « Nouvelle Cuisine de la poésie », *Le Droit*, 15 septembre 2001, p. A8.

Bissonnette, Thierry, « Dans les marges du chaos » (sur *Libertés provisoires*), *Le Devoir*, 18 juin 2005, p. F5.

Bissonnette, Thierry, « Bilans provisoires : sept poètes en quête d'unité » (sur *Libertés provisoires*), *Nuit blanche*, n° 101, hiver 2005-2006, p. 10.

Chamberland, Roger, « Poésie 2001 », *University of Toronto Quarterly*, vol. 73, n° 1, hiver 2003/04, p. 422-439.

Cook, Margaret Michèle, « Corps et mots à explorer » (sur *Grand ciel bleu par ici*), *Liaison*, n° 93, 1997, p. 32.

Cormier, Pénélope, « La simplicité incarnée » (sur *Humains paysages en temps de paix relative*), *L'Acadie Nouvelle*, 20 septembre 2002, p. ACCENT 2.

Corriveau, Hugues, « "Tu es là, dans le langage". Ciel, île, fleuves et joie, voilà un programme qui mérite qu'on s'y arrête » (sur *Grand ciel bleu par ici*), *Lettres québécoises*, n° 89, printemps 1998, p. 39-40.

Côté, Gilles, « *Grand ciel bleu par ici* », *Nuit blanche*, n° 68, 1997, p. 14.

Courchesne, Sarah G., « La nouvelle œuvre de Robert Dickson : *Humains paysages en temps de paix relative* », *L'Orignal déchaîné*, vol. XVI, n° 1, 26 septembre 2006, p. 11.

Dansereau, Estelle, « *Grand ciel bleu par ici* : poésie », *Francophonies d'Amérique*, n° 9, 1999, p. 223-225.

Dulac, Suzette, « Robert Dickson. *Humains paysages en temps de paix relative* », *L'Express*, 26 novembre au 2 décembre 2002, p. 9.

Dumas, Ève, « Contes sudburois. Si Sudbury m'était conté... », *Le Droit*, 17 juin 1999, p. 36.

Felx, Jocelyne, « L'art politique » (sur *Humains paysages en temps de paix relative* et *Libertés provisoires*), *Lettres québécoises*, n° 120, hiver 2005, p. 38.

Gauthier, Stéphane, compte rendu de *Grand ciel bleu par ici* à l'émission « Gens du nord », radio CBON, Première chaîne de Radio-Canada dans le Nord de l'Ontario, 27 mars 1997.

Harvey, Carol J., « Dickson, Robert (2005), *Libertés provisoires*, Sudbury, Prise de parole, 289 p. », *Cahiers franco-canadiens de l'Ouest*, vol. XVII, n°ˢ 1-2, 2005, p. 226-228.

Legault, Myriam, « Sudbury m'a conté... », *Liaison*, n° 101, mars 1999, p. 29-30.

Olscamp, Marcel, « Lettres canadiennes 2002. Poésie » (sur *Humains paysages en temps de pays relative*), *University of Toronto Quarterly*, vol. LXXIII, n° 1, hiver 2003-2004, p. 439-460.

Paré, François, « Scènes d'automne » (sur *Humains paysages en temps de paix relative*), *Canadian Literature*, n° 183, hiver 2004, p. 120-122.

Paré, François, « Le mythe incomparable du pauvre » (sur *Libertés provisoires*), *Canadian Literature*, n° 190, automne 2006, p. 155-156.

Pelletier, Marc, « *Abris nocturnes* de Robert Dickson », *L'Apropos*, vol. V, n° 1, 1987, p. 69-70.

Quinty, Serge, « *Humains paysages en temps de paix relative* », *Infomag*, vol. VI, n° 2, septembre-octobre 2002, p. 32.

Renaud, Normand, « J'ai lu les poèmes de Robert » (sur *Abris nocturnes*), *Le Nouvel Ontarien*, 20 mars 1987, s. p.

Tousignant, Guylaine, « Si le bon Dieu restait sur terre, il en profiterait » (sur *Humains paysages en temps de paix relative*), *Liaison*, n° 117, hiver 2002-2003, p. 51.

Tousignant, Guylaine, « *Libertés provisoires* : "Le quotidien transformé en événement majeur" », *Liaison*, n° 128, 2005, p. 54.

Truax, Denise, « *Abris nocturnes* – La maturation d'un poète... », *Liaison*, n° 42, 1987, p. 49 et 51.

Whitfield, Agnes, « Translations / Traductions », (sur *Human Presences & Possible Futures*), *University of Toronto Quarterly*, vol. LXXXIV, n° 3, été 2015, p. 92-126.

2.4 Entrevues

Bouraoui, Hédi, « Hédi Bouraoui s'entretient avec Robert Dickson », *Envol*, n° 25, Ottawa, Vermillon, 1999, p. 5-13, suite dans *Envol*, n° 26-27, 1999, p. 6-14.

Pelletier, Lucien, « La migration culturelle de Robert Dickson », dans Norman Cheadle et Lucien Pelletier (dir.), *Canadian Cultural Exchange. Translation and Transculturation / Échanges culturels au Canada. Traduction et transculturation*, Waterloo, Wilfrid Laurier University Press, 2007, p. 177-201.

Dulac, Suzette, « Gagnant du prix du Gouverneur général – Entrevue avec Robert Dickson », *L'Express*, 26 novembre au 2 décembre 2002, p. 9.

Melançon, Johanne, « Rencontre avec Robert Dickson, lauréat du prix du Gouverneur général », *Liaison*, n° 117, hiver 2002-2003, p. 23.

Savoie, Paul, « Robert Dickson », dans *Acte de création. Entretiens*, Ottawa, L'Interligne, coll. « Amarres », p. 207-217.

Truax, Denise, « Robert Dickson », *Liaison*, n° 13, 1980, p. 22-23.

2.5 Autres

S.A., « Un trésor oublié. Hommage à Robert Dickson », *Liaison*, n° 79, 1994, p. 29.

Cormier, Yves, Yvon Malette et Jean Mohsen Fahmy, « Adieu au poète Robert Dickson », *Le Droit*, 29 mars 2007, p. 21.

Elder, Jo-Anne (dir.), *Ellipse*, numéro spécial « Hommage à Robert Dickson », n° 79, 2007, 104 p. Avec des témoignages de Francine

Allard, Nora Alleyn, Jonathan Kaplansky, Joe Blades, Raymond Guy LeBlanc, Dyane Léger et Lola Lemire Tostevin.

Chiasson, Herménégilde, « Quatre rencontres avec Robert Dickson », *Ellipse*, n° 70, 2003, p. 56-59.

Fecteau, Jean-François, « Robert Dickson poursuit son œuvre », *Le Voyageur*, 30 avril 2003, p. 12.

Haentjens, Brigitte, « Robert Dickson *ad lib* : une écriture et ses signes de maturité », *Liaison*, n° 54, 1989, p. 26-27.

Malavoy, Jean, « L'Ontario français dans les veines », *Le Droit*, 29 mars 2007, p. 21.

Melançon, Johanne *et al.*, « Hommage à Robert Dickson », *Liaison*, n° 136, 2007, p. 29-33.

Nepveu, Pierre, « Mille morceaux », *Liberté*, n° 309, automne 2015, p. 65-66.

Rodrigue, Vicki-Anne, « *Une bonne trentaine*. Hommage à Robert Dickson pour sa fidélité à la profession », *L'Orignal déchaîné*, vol. XV, n° 7, p. 4.

Shanahan, Noreen, « Robert Dickson, writer and teacher : 1944-2007 », *The Globe and Mail*, 12 avril 2007, p. S10.

Sylvestre, Paul-François, « Pour saluer... Robert Dickson. 1944-2007 », *Lettres québécoises*, n° 127, 2007, p. 57.

Sylvestre, Paul-François, « Il y a 60 ans. Naissance du poète Robert Dickson », *L'Express*, 20 au 26 juillet 2004, p. 3.

Tousignant, Guylaine, « Personnalité de l'année, Robert Dickson : "Désormais, je me nourris à la cuisine de la poésie" », *Liaison*, n° 121, hiver 2003-2004, p. 7-9.

Table des matières

Préface 5
Or « é » alité 17
  À la table 21
    Poème à l'honneur de mon ventre
    ou déclaration de principe 25
    C'était un drôle d'hiver 27
    Éléments d'un petit savoir personnel 33
    Premier poème du printemps numéro 1 39
    Maintenant, à l'heure 43
    Prie-hier 47
    Conte pour Suzie 49
    L'amour... fou 53
Une bonne trentaine 57
  Enfantillages 59
    Matinale 60
    Quand tes yeux 60
    Tiphaine 1 61
    Tiphaine 2 61
    Tiphaine 3 61
    Bestiaire 62
    La poursuite du monde 63
    Carrousel 64
    La solitude 65
  Amour-amer-amarre 67
    Quand je suis venu 68
    Blason 70
    Les vagues de la mer 71
    La joie s'éteint comme la cendre 72

Pourquoi le poème	73
Sonnet 1 : adoration	74
Engagement	75
C'est un jour de dire je t'aime	76
Pourtant tu es belle	77

Au nord…   79

Au nord de notre vie	80
Lorsque mes mains musiciennes	81
Presqu'un sonnet sensuel	82
Sonde	83
L'entre-deux saisons	84
La musique dans ma vie	85
Montréal bouillonne	86
Tu as des yeux	88
J'ai penché ma tête	89
Sonnet (désaxé) trente et quelque : comme un ange temporaire	92
Je suis le pet	93
Poetry	93

Proses   95

Leçon de fin d'hiver	96
Dans ma cuisine : le frigidaire	97
Croquis de San Cristóbal	98
Café central, San Cristóbal, samedi matin	100
Le départ	102

Abris nocturnes   105

Lettre ouverte	107
Va au diable	110
Palenque : abstracción en la selva	111
Le pirate de l'air	114
Furie folieuse	116
J'ai de trois…	117
Ça fait tellement longtemps	119
Fragment du printemps	122
Sur le bord du lac Ramsey	124
Jusqu'où il faut aller pour être poète	126
Poème d'amour patriotique	128
Spring break	129
Trois poèmes en écoutant la musique chez patrice	131
La nuit (du 6-7 oct. 81) porte (le) conseil (qu'elle peut)	133
J'ai une dizaine et…	134
Au Salon du livre de Montréal	135

Trajet (Montréal-Ottawa)	137
Sans titre à Ottawa-Hull	138
J'te trouve…	141
Grande vérité matinale	141
Disparaissant avec ou sans…	142
La vie anonyme des…	144
Je suis ici comme…	145
…	146
Automnales	147
D'âpres après	151
Lunaisons saisons…	152
De toute évidence…	154
Lettre de Pouce Coupé	156
GRAND CIEL BLEU PAR ICI	161
Le cours des choses	166
Toi, aux vues…	172
Entre ciel et terre (retour à québec)	180
L'air de rien, ce	201
Un mois loin de toi	207
Nocturne	231
Suite	236
Entre nous (poème de paix)	245
HUMAINS PAYSAGES EN TEMPS DE PAIX RELATIVE	257
L'intime : mode d'emploi	261
Capitale nationale, fin de siècle	265
Sudbury	272
Avignon	274
Île de Vancouver	277
Pouce Coupé	278
Lac Meech	279
Lac Rice	280
Sudbury	281
Ottawa, la propreté	283
Fredericton, aéroport	287
Robichaud	288
Le 6 août 1998	290
Pouce Coupé	294
Sudbury	301
Ottawa	304
Sudbury	305
Ottawa, Action de grâce	307
LIBERTÉS PROVISOIRES	309

Airs horizons	313
Rassérénade	349
Fugue en sol occupé	371
Oser l'osier	405
Oser l'osier	407
Choix de jugements	415
Abris nocturnes	415
Grand ciel bleu par ici	415
Humains paysages en temps de paix relative	416
Libertés provisoires	417
Chronologie	419
Bibliographie	423
1. Œuvres de Robert Dickson	423
1.1 Ouvrages et enregistrements littéraires	423
1.2 Textes littéraires publiés en revue, dans des anthologies ou dans des ouvrages collectifs	424
1.3 Poèmes en traduction	426
1.4 Paroles de chansons	427
1.5 Activités de La cuisine de la poésie	428
1.6 Participation à des projets théâtraux et cinématographique	430
1.7 Traductions	432
1.8 Critique littéraire et culturelle	434
2. Réception critique de Robert Dickson	437
2.1 Ouvrages de référence	437
2.2 Publications savantes	438
2.3 Comptes rendus	441
2.4 Entrevues	443
2.5 Autres	444

www.ingramcontent.com/pod-product-compliance
Lightning Source LLC
Chambersburg PA
CBHW060657100426
42735CB00040B/2865